Marketing digital

★★★★★

Transformando cliques em clientes

Dados Internacionais de Catalogação na Publicação (CIP)
(Claudia Santos Costa - CRB 8ª/9050)

Assis, Alexandre de
Marketing digital : transformando cliques em clientes / Alexandre de Assis. – São Paulo : Editora Senac São Paulo, 2025.

Bibliografia.
ISBN 978-85-396-5458-1 (impresso/2025)
e-ISBN 978-85-396-5459-8 (ePub/2025)
e-ISBN 978-85-396-5460-4 (PDF/2025)

1. Marketing digital. 2. Planejamento estratégico. 3. Mídias sociais. 4. Marketing de conteúdo. I. Título.

25-2427c CDD – 658.872
BISAC BUS090010

Índice para catálogo sistemático:

1. Marketing digital 658.872

Alexandre de Assis

Marketing digital

★★★★★

Transformando cliques em clientes

Editora Senac São Paulo – São Paulo – 2025

Edição e Preparação de Texto: Bruna Baldez
Coordenação de Revisão de Texto: Marcelo Nardeli
Revisão de Texto: Meggie Monauar
Projeto Gráfico, Capa e Editoração Eletrônica: Antonio Carlos De Angelis
Imagens: AdobeStock
Impressão e Acabamento: Gráfica Serrano

Editora Senac São Paulo
Av. Engenheiro Eusébio Stevaux, 823 – Prédio Editora
Jurubatuba – CEP 04696-000 – São Paulo – SP
Tel. (11) 2187-4450
editora@sp.senac.br
https://www.editorasenacsp.com.br

Sumário

Prefácio

Iniciativas como este livro são essenciais para que o empreendedor de hoje tenha em mãos ferramentas para atravessar o oceano de mudanças que vivemos no ecossistema Web 3.0.

Com décadas de experiência no segmento educacional e em consultorias de marketing digital, Alexandre de Assis decodifica todo esse ecossistema de forma leve, didática e acessível. Colocar luz sobre as novas formas de vender e de comprar é a inspiração que ele nos traz nas páginas a seguir.

Além de abordar como o marketing foi impactado pelas tecnologias do ponto de vista do consumo, o autor explora temas transversais que enriquecem a compreensão do leitor sobre o mercado atual. E, muito além das técnicas tradicionais, oferece dicas sobre as tendências emergentes e as estratégias que estão moldando o futuro do marketing digital.

Para você, empreendedor que busca fortalecer e expandir seu negócio, esta leitura é uma ferramenta que irá prepará-lo para lidar com as oportunidades e os desafios do mundo digital.

GABRIELA JORGE NEGRÃO VIEIRA

Gestora de desenvolvimento de produtos no Senac São Paulo

Apresentação

As tecnologias digitais já fazem parte do nosso cotidiano, moldando a maneira como nos comunicamos, escolhemos o que comprar e até como nos conectamos com as pessoas ao nosso redor. É difícil imaginar como seria hoje a vida sem elas. Nesse cenário, o marketing digital surge como um meio de criar conexões reais entre marcas e pessoas.

Com tantas informações e opções, é natural sentir-se um pouco perdido, sem saber por onde começar ou qual direção seguir. Foi pensando nessa jornada de dúvidas e descobertas que criamos este livro. Aqui você encontra orientações, exemplos e reflexões para se desenvolver na área.

Começamos explicando o que é o marketing digital, sua evolução e componentes. Em seguida, falamos sobre o peso das redes sociais, a jornada de compra e o funil de marketing, o inbound marketing, além do impacto da inteligência artificial e do marketing de influência, sempre apresentando estratégias e ferramentas que você pode aplicar no seu dia a dia. Por fim, ressaltamos a importância de medir resultados.

Sabemos que cada negócio, projeto e pessoa tem suas próprias características. O que funciona para um pode não ser o ideal para outro. Por isso, esta obra não oferece fórmulas prontas, mas compartilha insights e caminhos para que você encontre as soluções que se encaixem na sua realidade – seja você um empreendedor iniciante, um gestor experiente ou alguém começando uma nova carreira.

No final das contas, o marketing digital não se resume a números, métricas ou algoritmos. A chave é entender como criar um conteúdo com significado, que gere valor e faça sentido tanto para você quanto para as pessoas que deseja alcançar.

Boa leitura!

1 Introdução ao marketing digital

Imagine aquela lojinha de bairro que você conhece. De uns anos para cá, graças ao marketing digital, ela tem conseguido vender seus produtos para pessoas em várias partes do mundo. Isso mostra como o mundo digital abriu as portas do mercado global até para os negócios menores.

Diferentemente das abordagens tradicionais, como anúncios na TV, no rádio ou em outdoors, o marketing digital permite uma interação mais direta, instantânea e personalizada, criando experiências mais significativas para o público. Com essa abordagem, as empresas conseguem entender melhor os desejos e necessidades das pessoas do outro lado da tela, ajustando suas táticas para atender aos diferentes perfis de consumidor.

Neste primeiro capítulo, vamos entender como o avanço da tecnologia e da internet, principalmente das redes sociais, transformou nosso modo de consumir e o modo como as empresas se comunicam. Vamos também conhecer as principais estratégias do marketing digital, como o SEO, a criação de conteúdo relevante e as campanhas pagas em plataformas específicas. Por fim, vamos refletir sobre os desafios desse segmento nos próximos anos.

1. Como a internet se tornou mais acessível e democrática?

Um dos pontos altos do marketing digital é o fato de ter tornado a publicidade acessível para todos. Antes, fazer uma campanha publicitária era caro demais; só grandes empresas conseguiam pagar por comerciais de TV, anúncios em revistas ou no rádio, e isso deixava as pequenas e médias empresas de fora. Agora, qualquer empresa, mesmo com pouco dinheiro, pode criar campanhas efetivas, atingir o público certo e ver os resultados na hora.

Google Ads, Facebook, Instagram e TikTok são ótimos exemplos disso. Com essas ferramentas, as empresas podem decidir quanto querem gastar e segmentar os anúncios de acordo com idade, localização e interesses — incluindo até mesmo comportamentos de compra. E o melhor: dá para ajustar tudo conforme a campanha vai acontecendo. Isso permite que empresas menores concorram de igual para igual com as gigantes, que antes dominavam a publicidade.

Figura 1.1 – A publicidade digital possibilita a empresas de todos os tamanhos alcançar seus públicos com precisão

Além disso, a capacidade de criar campanhas globais é um grande diferencial. Com as ferramentas digitais, uma empresa local pode alcançar o mundo todo sem precisar estar fisicamente presente em vários países. Um e-commerce, por exemplo, pode atingir clientes em qualquer parte do planeta, desde que tenha uma estratégia digital bem planejada.

A evolução do comportamento do consumidor

De acordo com Rabelo (2020), a transformação digital ocorre quando empresas usam tecnologias digitais para resolver problemas tradicionais, como quedas de desempenho, produtividade, agilidade e eficácia. Você já notou como essa transformação mudou a forma como consumimos produtos e serviços?

Antigamente, o processo era bem simples: víamos um anúncio na TV ou em uma revista, íamos até a loja, conversávamos com o vendedor e, então, decidíamos a compra. Hoje, com o mundo digital, esse processo se tornou muito mais complexo. O consumidor moderno está muito mais informado, exigente e proativo.

Antes de comprar qualquer coisa, as pessoas pesquisam on-line, leem avaliações, comparam produtos e preços e ainda interagem com as marcas nas redes sociais. As ferramentas digitais proporcionam mais independência aos consumidores, que agora fazem escolhas baseadas em informações detalhadas. Isso exige que as marcas sejam extremamente explícitas e precisas em cada ponto de contato.

Somado a isso, o poder de decisão dos consumidores aumentou consideravelmente. O famoso boca a boca ganhou uma nova dimensão no ambiente digital. Comentários nas redes sociais, avaliações no Google e em marketplaces como Magazine Luiza, Amazon e Americanas, além do peso da opinião de influenciadores digitais, podem impulsionar ou prejudicar uma marca rapidamente. Por isso, as empresas precisam estar atentas não só ao que comunicam diretamente, mas também à percepção que os clientes têm e compartilham sobre elas.

★ IMPORTANTE

O marketing digital envolve a promoção de produtos ou marcas através de plataformas digitais. Essa é uma das principais formas que as empresas utilizam para se comunicar hoje com o público, aproveitando o poder da internet e das novas tecnologias.

Você já teve alguma experiência marcante com uma marca por causa das avaliações on-line?

Figura 1.2 – Com a evolução digital, o comportamento do consumidor se transformou: hoje, o poder de compra está a um clique de distância

Por que uma presença digital faz a diferença?

Hoje, com a importância do ambiente digital na vida das pessoas, empresas que não estão bem posicionadas na internet correm o risco de perder relevância. Ter uma presença digital vai muito além de ter um site ou um perfil nas redes sociais; trata-se de criar uma experiência integrada e coesa em todos os pontos de contato digitais, desde a primeira interação com a marca até o pós-venda.

Um site bem construído, como veremos adiante, é a base de uma presença digital forte. É o cartão de visita on-line da empresa e, muitas vezes, o primeiro contato que o consumidor terá com a marca. Além de ser visualmente atraente, o site precisa ser funcional, fácil de navegar e responsivo em dispositivos móveis, garantindo que a empresa seja encontrada facilmente pelo seu público.

De forma geral, a estratégia de uma marca deve incorporar redes sociais, e-mail marketing, anúncios pagos (como PPC), blogs, entre outras ações. Assim, a empresa mostra-se ativa onde seus clientes realmente estão.

As redes sociais, por exemplo, proporcionam um vínculo maior entre a marca e o cliente, além de serem excelentes para oferecer atendimento e suporte. É como estar sempre disponível para uma conversa com seus clientes. Las Casas (2012, p. 336) afirma que os benefícios obtidos pelo crescimento do marketing com a internet são: "[...] conforto, rapidez, custos mais baixos, informações, relacionamentos 'mais próximos' e ainda a possibilidade de coletar dados com detalhamento maior".

★ DICA

Empresas locais que unem boca a boca e marketing digital ganham mais visibilidade.

Avaliar resultados e melhorar sempre

Uma das grandes vantagens da publicidade digital é que ela permite acompanhar, em tempo real, o desempenho de cada campanha.

Ferramentas como Google Analytics e Facebook Insights auxiliam as corporações a compreender exatamente como os usuários estão se comportando por meio de métricas adequadas. É possível entender o retorno sobre o investimento (ROI) e o impacto de cada estratégia elaborada. Para Rodrigues (2023), "métricas de marketing são indicadores que medem os resultados das ações e campanhas implementadas nos canais de marketing. Acompanhando as principais delas, que vão do número de visitantes até o volume de vendas, é possível identificar o impacto das estratégias nos resultados da empresa".

Com essas informações, as empresas conseguem ajustar suas campanhas, repensar suas estratégias e aprender com os resultados, investindo no que realmente faz sentido e traz retorno. Esse ciclo constante de aprimoramento é essencial na publicidade digital. O que funciona hoje pode não ter o mesmo impacto amanhã, e quem não acompanha as mudanças corre o risco de ficar para trás.

★ IMPORTANTE

Qualquer empresa, não importa o tamanho, pode se beneficiar do marketing digital – até mesmo uma pequena loja de bairro pode alcançar clientes no mundo todo com as ferramentas certas. E não é necessário um orçamento enorme: com um investimento modesto, você pode criar campanhas nas redes sociais, fazer um e-mail marketing e otimizar seu site para os mecanismos de busca. O segredo é testar e se adaptar rapidamente às necessidades do seu público, para deixar sua marca mais visível e aumentar suas vendas.

2. Componentes essenciais do marketing digital

Podemos comparar uma boa estratégia de marketing digital a uma orquestra, onde cada instrumento tem seu papel e todos trabalham juntos para criar uma sinfonia harmoniosa. A seguir, vamos dar uma olhada nos principais elementos que compõem o marketing digital.

SEO (Search Engine Optimization)

SEO, ou otimização para motores de busca, é basicamente o processo de ajustar o conteúdo e a estrutura de um site para que ele apareça mais bem posicionado nos resultados de busca, como no Google. Quando o site está bem otimizado, ele ocupa uma posição mais alta nas páginas de resultados (SERPs), o que aumenta a visibilidade orgânica e atrai mais visitantes.

O SEO se divide em duas partes principais:

» SEO on-page: é tudo o que você pode fazer dentro do seu site para torná-lo mais atrativo tanto para os motores de busca quanto para os visitantes. Envolve escolher as palavras-chave certas para aparecer nas pesquisas, criar títulos que chamem a atenção, escrever meta descrições que convidem o leitor a clicar, usar URLs que sejam fáceis de entender, produzir conteúdo útil, otimizar imagens para que carreguem rápido e organizar links de forma que ajudem na navegação. Tudo isso garante que seu site seja bem-visto pelos buscadores e ofereça uma experiência agradável para quem o acessa.

» SEO off-page: aqui, o trabalho acontece fora do site, mas o impacto é enorme. O objetivo é construir a reputação e aumentar a visibilidade da sua página na internet. Isso inclui obter links de outros sites que direcionem para o seu (os famosos backlinks), conquistar menções de marca, participar ativamente nas redes sociais e usar outras estratégias para mostrar aos motores de busca que seu site é confiável e respeitado. Quanto mais sua marca for reconhecida e mencionada por fontes externas, mais autoridade ela ganha, aumentando as chances de aparecer entre os primeiros resultados de busca e conquistar a confiança de novos visitantes.

Figura 1.3 – SEO e estratégias de busca se unem à criatividade, abrindo espaço para novas oportunidades

Marketing de conteúdo

O marketing de conteúdo envolve criar e compartilhar materiais que são relevantes para o seu público. Em vez de tentar vender algo diretamente, o propósito aqui é educar, informar ou entreter as pessoas. Apresentamos alguns exemplos:

» **Blogs:** escreva artigos que interessem à sua audiência, ajudando-a a aprender mais sobre assuntos importantes para ela.
» **Vídeos:** crie tutoriais, demonstrações de produtos ou histórias de clientes que capturem a atenção e incentivem maior engajamento.
» **Infográficos:** use imagens e gráficos para ilustrar dados ou conceitos complexos de forma fácil de entender e compartilhar.
» **E-books ou whitepapers:** produza conteúdo mais profundo e detalhado, oferecendo valor substancial, o que ajuda a posicionar sua marca como uma autoridade no mercado.

Redes sociais

De fato, as redes sociais têm sido um dos pilares de qualquer estratégia de marketing digital. Elas representam uma oportunidade para que as empresas falem diretamente com o seu público, oferecendo interações autênticas e ajudando a promover a notoriedade da marca e a criação de uma comunidade em torno dela. A seguir, confira como essas ferramentas podem impulsionar o crescimento da sua marca.

» **Facebook:** é perfeito para atingir um público amplo e diversificado. Nele é possível criar anúncios altamente segmentados, além de explorar grupos e eventos, promovendo um senso de comunidade em torno da marca no site.
» **Instagram:** por ser uma rede social extremamente visual, é ideal para marcas que buscam distinguir-se usando fotos e vídeos. Graças aos seus recursos, como os stories e os reels, é possível falar com o público de forma rápida e descontraída, mostrando o que está por trás das cenas com sua marca e mantendo-o atualizado.
» **LinkedIn:** voltado para o encontro de pessoas do mundo profissional, é uma ferramenta muito útil, por exemplo, no mercado B2B

(business to business, ou relacionamento comercial entre empresas). É uma excelente opção para criar uma rede de contatos, parcerias e oportunidades de negócios. Além disso, ajuda a aumentar a visibilidade de um negócio ou site e facilita o compartilhamento de conhecimentos com outros profissionais do mesmo setor.

» **TikTok:** popular entre o público mais jovem, é uma rede social que tende a destacar a criatividade. Usando vídeos geralmente muito curtos e dinâmicos, sua marca pode aproveitar a rede para alcançar um público mais impulsivo e enérgico, criando conteúdo divertido e que viralize rapidamente.

★ **PARA SABER MAIS**

Em 2023, o Brasil foi um dos países com maior número de usuários ativos nas redes sociais, com cerca de 89% da população conectada, conforme o relatório Digital 2023 da DataReportal (Kemp, 2023). Isso mostra como uma boa estratégia de marketing digital tem o poder de aumentar o alcance das empresas e construir relações mais próximas e autênticas com os consumidores no dia a dia.

E-mail marketing

O e-mail marketing continua sendo uma ferramenta confiável para que as empresas mantenham uma comunicação próxima com os seus clientes, mesmo diante das constantes mudanças no cenário digital.

Embora seja uma estratégia consolidada no mercado, não se deve subestimar a eficácia de uma campanha bem elaborada por e-mail — ela ainda gera bons resultados. Com o envio de mensagens personalizadas em um momento oportuno, é possível estabelecer diálogos que aproximam marcas e consumidores.

Entre os benefícios dessa abordagem, destaca-se a personalização de conteúdos com base nas preferências e nos hábitos dos clientes, permitindo que cada pessoa tenha uma experiência única. Além disso, a automação de processos, como o envio automático de mensagens para quem finalizou uma compra ou abandonou o carrinho, é uma vantagem significativa. Por fim, o e-mail marketing oferece métricas precisas, como taxas de abertura, cliques e conversões, o que facilita o acompanhamento e a otimização das campanhas.

Publicidade paga (Ads)

A utilização da publicidade paga é uma maneira de garantir que suas mensagens de marketing chegarão ao público certo na hora certa. Por meio de plataformas como Google Ads, Facebook Ads e Instagram Ads, você pode criar campanhas pagas que serão segmentadas e direcionadas. Vejamos os principais tipos de anúncio:

- **Search Ads:** são os anúncios que aparecem no topo das páginas de resultados de pesquisa, baseados em palavras-chave específicas. Sabe quando você procura algo no Google e vê aqueles primeiros resultados com a etiqueta "Anúncio"? São esses!
- **Display Ads:** são anúncios gráficos que aparecem em sites parceiros de uma rede de anúncios, como a Rede de Display do Google. Podem ser imagens ou banners que você vê enquanto navega por diferentes sites.
- **Anúncios em redes sociais:** são os anúncios que aparecem no feed dos usuários em plataformas como Facebook, Instagram e LinkedIn. Eles se misturam com o conteúdo que as pessoas já estão consumindo, tornando a experiência mais natural e menos intrusiva.

Análise de dados e métricas

Imagine que você está organizando uma festa para os seus amigos. Escolher o marketing tradicional seria como escrever os convites à mão e entregá-los pessoalmente a cada convidado. O problema é que não há garantia de que todos lerão o convite. No dia da festa, ao contar apenas com as confirmações de presença por telefone, você pode ser surpreendido.

Agora, considere o marketing digital: é como enviar convites pelo WhatsApp. Você pode ver exatamente quem leu sua mensagem e até quem clicou no link para confirmar a presença. Se perceber que algumas pessoas não responderam, pode adaptar a abordagem ou enviar algo divertido para incentivá-las a comparecer.

E o Google Analytics? É como ter um superpoder nas mãos! Com ele, você consegue acompanhar quase tudo o que acontece no seu site: quem está acessando, de onde vêm e o que estão visualizando. Assim, fica fácil identificar o que está funcionando e o que precisa de ajustes. Se um anúncio no Google não está trazendo os resultados esperados, por exemplo, é fácil mudar o texto, as palavras-chave ou o orçamento, evitando desperdícios e tornando o ROI muito mais efetivo.

No final das contas, o marketing digital oferece controle total sobre cada detalhe, permitindo que você faça as correções necessárias. Voltando à festa, seria como ter um GPS que não só mostra o caminho mais rápido como também ajuda a planejar tudo para que o evento seja um sucesso.

★ **IMPORTANTE**

As ferramentas de análise de dados ajudam a entender os interesses e comportamentos dos clientes, possibilitando a criação de campanhas personalizadas. Por exemplo, uma loja de roupas pode enviar promoções direcionadas a adolescentes que se interessam por moda, aumentando as chances de venda.

Automação de marketing

A automação de marketing funciona como um assistente, ocupando-se de tarefas que iriam levar muito tempo. Por exemplo:

» Eficiência: se você precisasse enviar e-mails para 100 pessoas diariamente, seria uma tarefa trabalhosa e demorada, não é mesmo? Com a automação, é como se tivéssemos um assistente para mandar os e-mails no momento certo para as pessoas certas. Assim, você tem tempo para elaborar novas estratégias e criar conteúdo para o seu público.

» Personalização: você já se sentiu especial ao receber uma mensagem que parece ter sido feita só para você? Que sabe o seu nome e do que você gosta? Com o processo de personalização, conseguimos entender o comportamento de cada cliente e, a partir disso, enviar mensagens que fazem com que se sintam valorizados.

Em resumo, a automação de marketing é como um time de assistentes invisíveis trabalhando incansavelmente para que as campanhas aconteçam da melhor maneira possível e cada pessoa tenha uma experiência singular. Além de economizar tempo e recursos, você fortalece o relacionamento com os clientes.

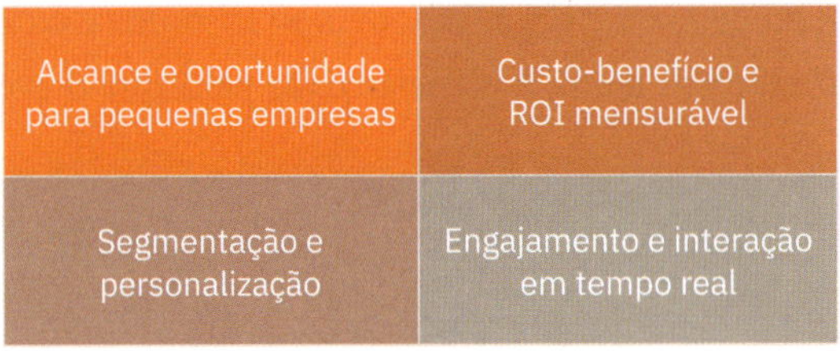

Figura 1.4 – Benefícios do marketing digital hoje

3. O futuro do marketing digital

O marketing digital se revela cada vez mais promissor, com a ascensão de tecnologias como inteligência artificial (IA), realidade aumentada, realidade virtual e internet das coisas.

A IA já está sendo aplicada para customizar experiências do consumidor em tempo real, prever tendências de consumo e até automatizar processos de marketing, como a criação de anúncios e segmentação de público-alvo. Com o passar do tempo, essas tecnologias tendem a se integrar ainda mais profundamente às estratégias digitais.

As realidades aumentada e virtual também demonstram potencial para transformar a maneira como nos relacionamos com as marcas on-line. Já podemos experimentar produtos virtualmente antes de adquiri-los ou visitar lojas virtuais de modo imersivo sem sair de casa. Essas inovações vêm abrindo diferentes possibilidades para o marketing digital, elevando a experiência do usuário a um novo patamar de interação e envolvimento com as marcas.

Figura 1.5 – A tecnologia de realidade virtual transforma a experiência do consumidor

Além disso, a importância dos dados só tende a crescer. Com as novas leis de privacidade digital em vigor e a crescente preocupação dos consumidores com o uso de suas informações pessoais, as empresas precisam encontrar um equilíbrio delicado: personalizar suas ofertas sem comprometer a privacidade dos clientes. Esse é um dos grandes desafios do marketing digital hoje e para os próximos anos.

O marketing digital está transformando, portanto, a forma como as empresas fazem negócios e criam conexões com seus clientes. Com a tecnologia avançando em ritmo acelerado e os hábitos dos consumidores mudando constantemente, as empresas que enxergam oportunidades e investem em estratégias digitais têm a chance de crescer, reinventar suas práticas e se destacar em um mercado que exige cada vez mais criatividade, inovação e agilidade.

Arrematando as ideias

Como vimos, as transformações digitais mudaram a forma como as empresas operam, independentemente do tamanho. De repente, a necessidade de adaptação a novas tecnologias se tornou urgente. Com consumidores cada vez mais conectados e informados, estar presente no ambiente digital deixou de ser apenas uma escolha: tornou-se um elemento essencial para a sobrevivência no mercado.

Essa mudança também influenciou profundamente o comportamento dos consumidores. Hoje, o acesso fácil a uma quantidade enorme de informações em sites e redes sociais dá ao comprador muito mais controle no processo de compra. Antes de tomar uma decisão, ele investiga por conta própria, comparando preços, recursos e avaliações de outros usuários.

Ao longo do capítulo, conhecemos algumas estratégias de marketing digital, como o SEO, que permitem que as empresas melhorem seu desempenho de forma orgânica e com um custo bem mais acessível. Para garantir que os esforços deem resultado, é crucial acompanhar e medir constantemente o sucesso dessas estratégias, além de buscar e avaliar novas tecnologias que surgem e evoluem a cada dia.

2 Redes sociais como ferramentas estratégicas

Em um mundo onde a interação digital é a norma, não é exagero afirmar que as redes sociais moldaram a sociedade contemporânea em formas que ainda estamos começando a entender – desde como nos conectamos e consumimos informações até como nos comportamos no dia a dia.

Para muitos, elas são um espaço de expressão, uma plataforma para vozes que poderiam ser silenciadas. Para outros, representam uma ferramenta de marketing que pode impulsionar negócios. Mas, afinal, como podemos entender esse fenômeno? Como marcas e indivíduos podem criar estratégias de engajamento que realmente ressoem em seus públicos? E quais são as implicações de escolher a rede social errada?

Neste capítulo, vamos explorar as redes sociais como ferramentas estratégicas, começando pela escolha das plataformas. Em seguida, abordaremos as técnicas de engajamento que podem ajudar as marcas a se conectar com seus públicos. Por último, discutiremos a gestão de crises e como garantir uma reputação on-line positiva.

1. Escolhendo as redes sociais adequadas

Muito mais que apenas um lugar para interagir, as redes sociais são hoje plataformas multifuncionais: um espaço onde identidades são formadas, comunidades se unem e negócios podem prosperar – ou, em muitos casos, enfrentar grandes crises.

Desde o Facebook, que se tornou um verdadeiro ecossistema de comunidades, até o Instagram, que se destaca pela força do conteúdo visual, cada uma oferece oportunidades e desafios únicos. E a forma de utilizar essas plataformas pode impactar diretamente a capacidade de engajar consumidores.

Isso significa que, para as marcas, a presença nas redes sociais é uma necessidade. No entanto, a escolha de qual rede utilizar, diante de tantas opções, exige antes uma compreensão do ambiente digital e do consumidor. Uma escolha errada pode resultar em desperdício de recursos e um ROI menor do que o esperado.

Conheça o público

O primeiro passo para essa seleção é conhecer o perfil do público. Para Ferreira (2024), entender os hábitos, preferências e comportamentos do público permite identificar em quais plataformas ele passa a maior parte do tempo on-line. Uma pesquisa demográfica básica, que identifique idade ou gênero, pode não ser suficiente; é importante aprofundar a análise para compreender o que motiva esse público, quais tipos de conteúdo ele consome e quais plataformas são mais relevantes para ele.

Cada plataforma atrai diferentes demografias. O Facebook, por exemplo, é popular entre uma ampla gama de idades, mas tem se tornado cada vez mais um espaço para usuários mais velhos. Para alcançar adolescentes ou jovens adultos, redes como Instagram ou TikTok, com sua base de usuários mais jovem e foco em conteúdo visual, podem ser mais adequadas. O TikTok, em especial, possibilita a conexão por meio de vídeos curtos e criativos, uma estratégia que gera engajamento e tem potencial viral.

Para empresas B2B, o LinkedIn se destaca. Trata-se de uma plataforma onde profissionais e empresas se reúnem para compartilhar ideias, fazer networking e buscar oportunidades de negócios. Marcas dos setores de tecnologia, consultoria e serviços profissionais costumam obter bons resultados no LinkedIn, alcançando tomadores de decisão e influenciadores do setor.

★ **PARA SABER MAIS**

De acordo com Ahlgren (2024), 90% dos usuários do Instagram seguem pelo menos uma conta de negócios, o que revela o potencial da plataforma para marcas que buscam se conectar intimamente com os consumidores. Essa estatística mostra como o Instagram se tornou um espaço vital para o marketing.

Trace objetivos de marketing

Uma vez que o público esteja definido, o próximo passo é alinhar os objetivos de marketing com as características de cada rede social. Cada plataforma oferece um conjunto específico de ferramentas e formatos de conteúdo para alcançar diferentes metas.

Se o foco é aumentar a conscientização e o reconhecimento da marca, o conteúdo visual no Instagram e no TikTok tende a ser mais eficiente. No Instagram, é possível utilizar stories, publicações e reels para captar a atenção dos usuários.

Para vendas diretas, tanto o Facebook quanto o Instagram dispõem de recursos de e-commerce que facilitam a conversão.

No YouTube, a produção de vídeos envolventes pode gerar uma forte conexão emocional com o público.

Já para aumentar a geração de leads, o LinkedIn se destaca como uma excelente opção. A plataforma permite compartilhar conteúdos mais formais, como artigos, white papers e webinars, atraindo profissionais interessados em serviços específicos. Além disso, o LinkedIn Ads possibilita fazer uma segmentação precisa do público, aumentando as chances de alcançar leads qualificados.

Defina o tipo de conteúdo

Outro aspecto a ser levado em conta é a natureza do conteúdo que será produzido. Redes como Instagram e Pinterest, voltadas para imagens, são ideais para marcas que contam histórias de forma visual, como as das áreas de moda, design e gastronomia.

Plataformas como o LinkedIn são mais adequadas para conteúdos profissionais e formais, como artigos e relatórios.

Para a criação de conteúdos mais longos e informativos, como tutoriais e análises de produtos, o YouTube é uma excelente opção. Vídeos explicativos podem fortalecer a percepção da marca como uma autoridade no seu nicho, além de engajar a audiência.

O X (antigo Twitter), por sua vez, é ideal para marcas que desejam participar de conversas rápidas e dinâmicas, para compartilhar notícias, atualizações e opiniões sobre eventos atuais, permitindo interações instantâneas e engajamento em tempo real.

Examine o algoritmo

A análise do algoritmo da plataforma também é indispensável. De acordo com Bento (2024), "em termos simples, [algoritmos] são conjuntos de regras e cálculos que determinam como o conteúdo é classificado e exibido para os usuários. Essas regras variam entre plataformas como Facebook, Instagram, X e LinkedIn, refletindo as prioridades e objetivos de cada uma".

A depender do algoritmo, uma postagem pode ser viral ou ignorada. Isso ressalta a importância de um planejamento estratégico que leve em conta não só o conteúdo, mas o momento e a frequência das interações.

Vamos entender como o algoritmo de cada rede social prioriza seu conteúdo:

- Instagram: dá prioridade às postagens que geram maior engajamento. Quanto mais curtidas, comentários e compartilhamentos uma publicação tiver, mais ela será exibida para outros usuários. Por isso, é fundamental criar conteúdo que promova interação.
- Facebook: geralmente favorece postagens pagas em relação ao conteúdo orgânico. Isso torna crucial investir em anúncios para atingir um público mais amplo, especialmente para marcas novas ou quando se busca aumentar o alcance de uma campanha.
- LinkedIn: tende a priorizar postagens que geram discussões significativas entre os usuários. Assim, é importante criar conteúdo que incentive comentários e interações, seja por meio de perguntas abertas ou postagens que provoquem reflexão.
- X: valoriza a relevância temporal e a interação, ou seja, quanto mais recente e comentada for a postagem, mais ela será mostrada. Criar conteúdo relevante e atual é a chave para se destacar.
- TikTok: avalia o comportamento dos usuários para sugerir vídeos, priorizando aqueles que retêm a atenção por mais tempo e geram interações, como curtidas e compartilhamentos. Por isso, é importante criar vídeos curtos e que prendam o interesse desde o início.
- Pinterest: prioriza conteúdos que se destacam pelo seu apelo estético e relevância. Pins que geram cliques, salvamentos e interações têm mais chances de serem exibidos no feed de mais usuários. Criar imagens de alta qualidade, que reflitam tendências e interesses do público, é essencial para maximizar o alcance e o engajamento na plataforma.
- YouTube: prioriza vídeos com maior retenção de audiência, ou seja, um vídeo que é assistido por mais tempo terá seu conteúdo mais recomendado para outros usuários. Portanto, criar vídeos que mantenham o interesse do público ao longo do tempo é fundamental para alcançar maior visibilidade.

Faça ajustes contínuos

Depois de escolher as redes sociais, é importante monitorar continuamente os resultados, acompanhar as tendências do mercado e ajustar a estratégia conforme necessário. A análise de métricas e indicadores de desempenho como engajamento, alcance, taxa de cliques e conversões pode fornecer insights sobre o que está e o que não está funcionando. Detalharemos esse tópico no último capítulo.

De acordo com Oshiro (2024), ferramentas como Google Analytics, Hootsuite e Sprout Social são úteis para monitorar o desempenho das postagens e campanhas em diferentes plataformas. Lembre-se de que o comportamento dos usuários nas redes sociais muda constantemente; uma rede em alta hoje pode não ser relevante amanhã.

★ IMPORTANTE

Um erro comum que muitas marcas cometem é tentar estar em todas as redes sociais ao mesmo tempo. Embora isso possa parecer uma boa estratégia, na prática muitas vezes resulta em contas mal geridas e conteúdo de baixa qualidade. É melhor escolher algumas plataformas que sejam mais adequadas ao seu público e seus objetivos e investir nelas.

Outro erro frequente é não adaptar o conteúdo para cada plataforma. O que funciona no Instagram pode não funcionar no LinkedIn. Cada rede social tem seu próprio tom e estilo, e não adaptar suas mensagens pode causar baixa interação e engajamento.

2. Criando estratégias de engajamento

Após selecionar as plataformas adequadas para a marca, o próximo passo é engajar o público.

O engajamento acontece quando o usuário interage ativamente com um conteúdo na rede social, seja clicando, comentando, curtindo ou realizando outra ação. Essa interação é medida em relação ao alcance da postagem ou ao número de seguidores, resultando em uma taxa de engajamento (COMO promover..., 2022).

A competição por atenção nas redes sociais é intensa, então, para se destacar, é necessário ir além do básico. Algumas estratégias de engajamento podem ser adotadas com o objetivo de transformar seguidores passivos em uma comunidade leal e ativa.

Figura 2.1 – Engajamento: a conexão que transforma postagens em resultados

Uma dessas estratégias é a personalização do conteúdo. Criar postagens que reflitam os interesses e necessidades do público pode aumentar o envolvimento e a identificação com a marca. Utilizar dados de comportamento e feedback dos seguidores para personalizar as interações ajuda a construir um relacionamento mais próximo.

O uso de conteúdo gerado pelo usuário (CGU) também é uma estratégia. Incentivar os seguidores a compartilhar suas experiências com os produtos ou serviços não apenas aumenta o engajamento como gera prova social, reforçando a credibilidade e a autenticidade da marca.

A criação de eventos ao vivo, como webinars, transmissões ou sessões de perguntas e respostas, também pode ser uma excelente maneira de engajar o público. Essas interações em tempo real são uma oportunidade para que os seguidores se sintam mais próximos da marca, tirando dúvidas e compartilhando experiências.

A importância da autenticidade

Como vimos, hoje os consumidores estão cada vez mais exigentes e críticos, e buscam autenticidade e transparência nas marcas que seguem. Postagens excessivamente polidas ou mensagens genéricas não têm o mesmo impacto que antes, pelo contrário: as marcas que se destacam são aquelas que mostram vulnerabilidade e personalidade.

Um exemplo de autenticidade pode ser encontrado em marcas que compartilham seus desafios e aprendizados com o público. Mostrar os bastidores da operação ou até mesmo admitir erros e demonstrar como está trabalhando para corrigi-los pode criar um vínculo de confiança com os seguidores. Além disso, conteúdos com histórias reais de clientes ou colaboradores tendem a gerar um engajamento muito maior do que campanhas meramente promocionais.

Interação contínua e conversas relevantes

As redes sociais não são um canal de mão única. Não se trata apenas, portanto, de postar e esperar que os seguidores interajam; é necessário participar ativamente das conversas.

Responder a comentários, mensagens diretas e menções em tempo hábil, fazer perguntas abertas, enquetes e quizzes e agradecer aos seguidores pelo apoio são formas de demonstrar que a marca valoriza a expressão de seu público.

Por exemplo, marcas de moda podem pedir a opinião dos seguidores sobre novas coleções, enquanto empresas de alimentos podem incentivar os usuários a compartilhar suas receitas favoritas. O objetivo é iniciar uma conversa genuína, e não só promover produtos ou serviços.

★ **SUGESTÃO**

Para entender o impacto das redes sociais em nossas vidas, sugerimos assistir ao docudrama *O dilema das redes*, dirigido por Jeff Orlowski.

Gamificação e engajamento por recompensas

A gamificação envolve a aplicação de elementos de jogo, como desafios, recompensas e competição em contextos não relacionados a jogos. Isso torna a interação mais divertida e envolvente para os usuários.

Para Parise (2024), "a gamificação aproveita o desejo humano natural por competição, conquista e recompensa". Um exemplo prático é a criação de concursos e sorteios nas redes sociais. Marcas podem incentivar os seguidores a participar de desafios criativos, como o envio de fotos usando um produto específico, e premiar os melhores com brindes ou descontos. Além de aumentar o engajamento, essa abordagem amplia o alcance da marca, já que os participantes tendem a compartilhar suas experiências com amigos e seguidores.

A gamificação pode ser implementada de várias maneiras, desde sistemas de pontos para interações (como curtidas e comentários) até desafios mensais nos quais os usuários podem ganhar prêmios.

Colaborações e parcerias

Colaborar com outras marcas ou influenciadores pode ser uma maneira inteligente de expandir seu alcance. Segundo a Creative Site (2021), uma parceria é basicamente a colaboração entre duas pessoas ou empresas para atingir um objetivo comum.

No contexto das redes sociais, essa ação geralmente tem um foco comercial, como a promoção ou venda de produtos. As parcerias oferecem a oportunidade de compartilhar audiências e criar conteúdo conjunto para atrair novos seguidores.

Por exemplo, uma marca de cosméticos pode se unir a um influenciador de beleza para criar uma série de vídeos de tutoriais. Juntos, eles podem aproveitar as audiências de ambas as partes, promovendo não somente os produtos, mas também um estilo de vida.

Além disso, as colaborações podem assumir várias formas, como postagens conjuntas e eventos on-line ou presenciais. Marcas de moda podem realizar desfiles em parceria com influenciadores, enquanto empresas de alimentos podem organizar eventos de degustação. Essas colaborações aumentam as vendas e criam experiências memoráveis que os seguidores estarão mais propensos a compartilhar.

Conteúdo exclusivo e antecipação

Criar um senso de exclusividade e antecipação em torno de seu conteúdo pode aumentar significativamente o engajamento. Isso pode ser alcançado com prévias de novos produtos, lançamentos exclusivos ou acesso antecipado a eventos e promoções.

Figura 2.2 – Engajar o público nas redes sociais exige planejamento e estratégia

Marcas como Apple e Nike são mestres em criar expectativa em torno de seus lançamentos. Elas costumam fazer teasers enigmáticos nas redes sociais, despertando a curiosidade e incentivando os seguidores a acompanharem de perto as novidades.

Essa tática gera buzz e cria uma sensação de pertencimento nos seguidores que desejam estar entre os primeiros a conhecer as novidades.

Um exemplo prático seria uma marca de vestuário que compartilha imagens de uma nova coleção com uma contagem regressiva para o lançamento, levando os seguidores a ficarem ansiosos para ver os produtos.

Conteúdo educacional e de valor

Criar conteúdo que ofereça valor, como tutoriais, dicas e informações relevantes, pode posicionar a marca como uma autoridade em seu nicho. O resultado é o aumento da confiança dos consumidores, que são incentivados a interagir e compartilhar o conteúdo.

Por exemplo, marcas de equipamentos esportivos podem produzir vídeos de treinamento, enquanto empresas de alimentação saudável podem fornecer receitas e dicas de nutrição.

A criação de conteúdos educacionais também pode incluir webinars, cursos on-line e e-books. Ao oferecer conhecimento, é possível engajar o público e converter seguidores em clientes, uma vez que os consumidores tendem a confiar mais em marcas que se apresentam como especialistas em seu campo.

Análise de dados e ajustes

Por fim, é fundamental monitorar os dados de engajamento. Ferramentas de análise podem fornecer insights sobre quais tipos de conteúdo geram mais interação, quais horários são mais eficazes para postagens e como o público responde. Com essas informações, é possível ajustar a estratégia e maximizar o engajamento nas redes sociais.

Além disso, realizar testes A/B nas postagens é uma maneira de entender o que ressoa melhor no público. De acordo com Dourado (2024b), o teste A/B, também chamado de teste split, teste de comparações ou teste de divisão, é uma estratégia de experimentação amplamente utilizada no marketing digital. Essa técnica compara duas versões ligeiramente diferentes de um mesmo conteúdo para identificar qual delas produz os melhores resultados. Ao experimentar diferentes formatos, horários e tipos de conteúdo, é possível identificar as abordagens que resultam em maior engajamento.

★ **SUGESTÃO**

Para saber mais sobre o tema das redes sociais e formas de alavancar negócios, sugerimos ouvir o podcast *Social Media na Prática*, com Viviane Meta Duran. O programa discute estratégias de marketing digital, oferece insights sobre o uso das redes sociais e traz entrevistas com especialistas, que compartilham suas experiências.

3. Gerenciando crises e reputação on-line

De acordo com Galvão (2019), uma crise nas redes sociais está ligada a uma circunstância que pode impactar negativamente a reputação de uma marca ou indivíduo, provocada por acontecimentos desfavoráveis ou informações negativas.

Se por um lado as redes sociais oferecem ótimas oportunidades para o crescimento e a visibilidade das marcas, por outro, representam um terreno fértil para crises e desafios inesperados.

A natureza dinâmica e interativa dessas plataformas faz com que as informações se espalhem com uma rapidez alarmante. Uma única postagem mal interpretada, um erro de comunicação ou até mesmo um comentário negativo podem resultar em uma crise significativa para a marca, prejudicando sua reputação e a confiança do público.

Essa rapidez com que as notícias, tanto positivas quanto negativas, se difundem nas redes sociais exige que as marcas permaneçam atentas.

Uma situação que em circunstâncias normais poderia ser resolvida rapidamente pode ganhar proporções muito grandes na esfera digital, levando a reações em cadeia difíceis de controlar.

Assim, é fundamental que as empresas reconheçam esses riscos e definam um plano de gestão de crises e reputação on-line. Esse plano deve incluir diretrizes precisas sobre como monitorar e responder a menções da marca, como se comunicar com a audiência em momentos críticos e quais medidas tomar para mitigar danos.

Um plano eficaz deve ser revisado e atualizado regularmente, considerando as tendências atuais e as mudanças no comportamento do consumidor. Ao se preparar para possíveis crises, as marcas demonstram compromisso com a transparência e a responsabilidade, atributos cada vez mais valorizados pelos consumidores no ambiente digital.

Figura 2.3 – Manter uma boa reputação on-line é fundamental para o sucesso de qualquer marca

Prevenção é a chave

A melhor forma de lidar com uma crise é preveni-la, e isso requer uma abordagem proativa em relação à comunicação e ao monitoramento. As marcas devem estar sempre atentas ao que está sendo dito sobre elas nas redes sociais, identificando potenciais problemas antes que se tornem crises.

Ferramentas de monitoramento de mídia social, como Mention e MLabs, podem auxiliar no acompanhamento das menções à marca em tempo real, permitindo identificar rapidamente qualquer feedback negativo ou discussões que possam impactar a reputação.

Estabelecer uma presença ativa nas redes sociais também pode ajudar na prevenção de crises. Quando os consumidores percebem que a marca está engajada e responde rapidamente às suas preocupações, tendem a ser mais compreensivos quando algo dá errado.

Protocolo de resposta rápida

Quando ocorre uma crise, o tempo é crucial. No ambiente digital atual, em que as informações se espalham em questão de minutos, ignorar ou demorar para responder a uma situação crítica pode agravar ainda mais a crise e causar danos irreparáveis à reputação da marca.

Além de demonstrar responsabilidade, a rapidez na resposta ajuda a controlar a narrativa e evitar que boatos se espalhem descontroladamente. Por isso, deve-se ter um protocolo de resposta rápida bem definido, para que todos saibam exatamente como agir nesses casos.

Tal protocolo deve incluir a designação de um porta-voz da marca, alguém que tenha habilidade para se comunicar de forma clara e objetiva durante a crise. Essa pessoa será responsável por todas as comunicações, garantindo que a mensagem da empresa permaneça consistente e alinhada em todas as plataformas e canais de comunicação.

A primeira resposta em uma situação de crise deve ser sempre a de reconhecimento. Se um erro foi cometido, é primordial admiti-lo e, se necessário, fazer um pedido de desculpas sincero. Essa abordagem ajuda a acalmar o público e também é uma oportunidade para demonstrar o comprometimento da marca com a qualidade, a segurança e o bem-estar dos clientes.

Transparência e comunicação aberta

Durante uma crise, a transparência é quem dita as regras. Os consumidores valorizam marcas que são honestas e abertas em relação a seus erros. Compartilhar informações sobre o que está sendo feito para resolver a situação e como isso afeta os clientes pode ajudar a restaurar a confiança.

Por exemplo, se uma empresa de alimentos recebe reclamações a respeito de um produto contaminado, é preciso assumir o problema imediatamente, anunciando medidas como a retirada do produto do mercado, a investigação do incidente e as garantias de que a segurança dos consumidores é a prioridade máxima. Uma marca de moda que enfrente críticas por práticas de produção não éticas deve comunicar de forma precisa as ações que está tomando para melhorar suas práticas e garantir a responsabilidade.

A transparência sobre as etapas de mudança pode não só mitigar os danos à reputação, mas também reforçar a lealdade do cliente. Além disso, é fundamental fornecer atualizações regulares durante uma crise. Isso demonstra que a marca está disposta a resolver o problema e manter a comunicação aberta com os consumidores.

Monitoramento pós-crise

Após uma crise, deve-se monitorar continuamente a situação e a percepção da marca. Esse acompanhamento pode abranger o rastreamento de conversas nas redes sociais, a análise de dados de engajamento e a avaliação de comentários e feedbacks dos consumidores.

Ferramentas de monitoramento de mídias sociais permitem que a equipe identifique rapidamente menções à marca e analise o sentimento em torno delas, além de indicar se as medidas tomadas foram satisfatórias.

É essencial também considerar as métricas de desempenho, como o alcance das postagens e o número de interações. Esses dados podem ajudar a entender a eficácia da comunicação e as reações do público às estratégias de resposta adotadas.

A análise pós-crise deve incluir uma avaliação minuciosa do que funcionou e do que pode ser melhorado no futuro. Isso envolve a coleta de feedbacks internos da equipe envolvida na gestão da crise e dos porta-vozes, bem como a realização de entrevistas com stakeholders e clientes.

A documentação desse processo também é necessária, pois cria um histórico que pode ser consultado em situações semelhantes, tornando a organização mais resiliente e preparada para desafios.

Outro aspecto importante é a comunicação contínua com o público. Compartilhar as lições aprendidas e as mudanças implementadas em resposta à crise pode ser um grande passo para reconquistar a credibilidade e o respeito do consumidor.

Uma boa gestão de crise não se resume, portanto, a apagar incêndios; também envolve aprender com a experiência e adaptar as estratégias. Esse planejamento, aliado a uma análise pós-crise, pode transformar uma experiência negativa em uma oportunidade de fortalecimento da reputação da marca.

★ VOCÊ SABIA?

O Efeito Streisand é um fenômeno da internet que ocorre quando uma tentativa de esconder ou censurar uma informação resulta em uma divulgação ainda maior dessa informação. O termo foi nomeado em referência à cantora e atriz Barbra Streisand, que em 2003 tentou processar um fotógrafo que havia tirado uma foto de sua casa na Califórnia e a postou on-line. Ao buscar uma ordem de restrição, Streisand acabou atraindo ainda mais atenção para a foto, que antes tinha recebido pouco interesse.

Essa reação contrária ao que se pretendia é um exemplo clássico de como a internet pode amplificar informações, especialmente quando alguém tenta silenciá-las. O Efeito Streisand ilustra a importância da transparência e da comunicação aberta nas redes sociais, especialmente para marcas e figuras públicas, que devem considerar as potenciais consequências de tentar controlar uma narrativa. No ambiente digital, a abordagem proativa pode ser mais eficiente do que tentativas de controle ou censura.

Arrematando as ideias

As redes sociais se tornaram parte essencial do marketing moderno. No entanto, o uso dessas plataformas exige uma estratégia bem definida que inclua a escolha das redes adequadas, a implementação de estratégias de engajamento avançadas e a gestão proativa de crises.

Ao se concentrar na autenticidade, na interação contínua e na criação de conteúdo de valor, as marcas podem construir comunidades leais que, além de consumir, defendem seus produtos e serviços. Além disso, estar preparado para gerenciar crises pode proteger a reputação da marca e garantir que continue a prosperar.

Nesse cenário dinâmico, é fundamental que as marcas sejam ágeis e estejam abertas a adaptações, aproveitando novas tendências e tecnologias à medida que surgem. O futuro das redes sociais é promissor, e aqueles que abraçarem essa nova era de comunicação estarão bem posicionados para se destacar em um mercado competitivo.

3 A jornada de compra e o funil de marketing digital

Como fazer sua marca brilhar em meio a tantas opções que o consumidor encontra hoje? E, mais do que chamar a atenção, como transformar aquele simples interesse em algo real, uma compra de fato? Essas são questões às quais qualquer empresa que deseja crescer no mundo digital precisa responder.

Antes, as compras eram, muitas vezes, feitas por impulso, movidas por uma propaganda chamativa ou uma promoção tentadora. Com o fácil acesso à informação, os consumidores ficaram muito mais cuidadosos: pesquisam, comparam, pensam e só depois decidem. Isso deixou a jornada de compra mais longa e cheia de etapas.

Neste capítulo, vamos detalhar essas etapas e mostrar como as necessidades do consumidor podem se alinhar com as estratégias de marketing. A ideia não é forçá-lo a tomar uma decisão apressada, mas criar uma comunicação fluida, estar ao lado dele e propor a melhor solução para seus problemas. Veremos exemplos de marcas que se destacam nesses aspectos, como as de moda, esporte e tecnologia, que são experts em adaptar sua mensagem para o momento certo, oferecendo a informação que realmente faz sentido para o consumidor.

1. A jornada de compra do consumidor digital

Conforme Dourado (2024a), jornada de compra é o processo feito pelo consumidor desde o momento em que ele percebe que precisa de algo até a hora em que decide comprar. Cada pessoa vive essa jornada de maneira única, mas, de modo geral, existem alguns passos comuns.

No ambiente digital, esse processo é bem diferente do que costumava ser no ambiente presencial. Antigamente, as decisões de compra eram tomadas de modo mais simples e direto, com menos informações a serem consideradas. Hoje, os consumidores têm o poder de analisar diversos aspectos antes de tomar qualquer decisão.

A jornada de compra ocorre em várias etapas. Cada pessoa tem suas próprias preferências e necessidades, o que torna o processo individual e, muitas vezes, não linear. No mundo digital, as interações acontecem em diversos momentos e canais – redes sociais, anúncios, sites, aplicativos, buscas na internet –, deixando tudo ainda mais dinâmico e flexível.

As marcas que conseguem interpretar essa jornada saem na frente. Elas podem desenvolver estratégias adequadas a cada fase para atrair, envolver e acompanhar o consumidor. Quando o conteúdo certo chega no momento certo, as chances de engajamento, conversão e até fidelização aumentam consideravelmente.

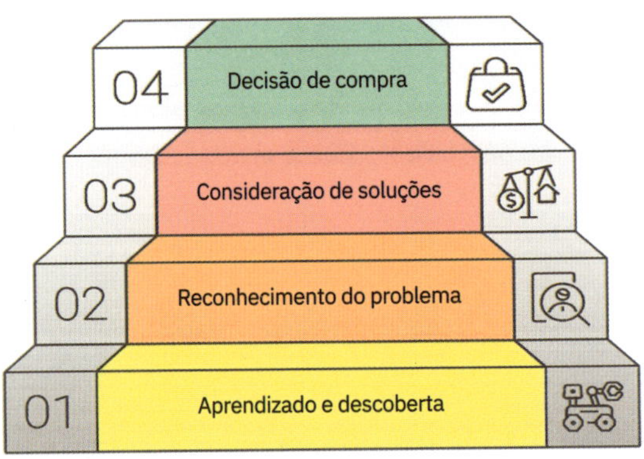

Figura 3.1 – Jornada de compra do consumidor

Aprendizado e descoberta

Tudo começa quando o consumidor identifica uma necessidade ou problema e começa a buscar soluções. Ele pode iniciar a busca por informações navegando em conteúdo educativo, vídeos e postagens em blogs para saber mais sobre o problema ou avaliar opções gerais.

Em geral, no começo do processo o cliente ainda não tem em mente uma marca específica. Por exemplo, alguém que descobre que seu celular está desatualizado pode começar a pesquisar os últimos lançamentos e fazer comparações de smartphones.

Reconhecimento do problema

Depois de consumir alguns conteúdos e ter entendido o básico, o consumidor começa a montar o quebra-cabeça. Finalmente, ele tem aquele "clique" e percebe o que o estava incomodando.

Com mais informações, suas buscas se tornam mais específicas. Antes, talvez ele lesse posts sobre hábitos saudáveis de forma geral. Agora, procura algo mais objetivo, como "exercícios para aliviar a dor nas costas" ou "alimentos para acelerar a recuperação muscular". Ele quer saber mais sobre o que causou o problema e o que pode fazer para resolvê-lo.

Marcas podem se destacar nesse momento ao oferecer informações que realmente ajudem. A criação de materiais que abordem o assunto e auxiliem o consumidor a dar o próximo passo sempre será uma ótima estratégia, pois mostra que a marca entende o que o consumidor está passando.

Consideração de soluções

Ao entrar nessa fase, o consumidor passa a comparar marcas e produtos mais especificamente. Ele busca entender qual opção melhor atende às suas expectativas, avaliando fatores como custo-benefício, funcionalidades e confiabilidade.

Para os negócios, é o momento de mostrar as vantagens do produto ou serviço em relação aos concorrentes, com ênfase em diferenciais como qualidade, suporte ao cliente e reputação da marca.

Decisão de compra

O comprador analisa cuidadosamente por bastante tempo todas as opções disponíveis no mercado. No entanto, ainda falta encontrar aquela que realmente atenda às suas expectativas. Ele está quase decidindo, e alguns detalhes importantes podem influenciar sua escolha final.

As condições de pagamento, como a possibilidade de parcelar no cartão, e os benefícios oferecidos pela loja são pontos a serem considerados. Mas a grande questão é: ele se sente seguro com a compra? Nesse ponto, é essencial entender as garantias e as regras de troca e, obviamente, conhecer a reputação da loja ou do fabricante. É importante saber se a empresa é confiável, sólida e tem um bom histórico.

Fazer com que a compra seja algo simples e sem estresse é algo que realmente importa. O atendimento deve ser rápido, mas sempre cuidadoso, e a comunicação, direta, sem complicação. É preciso ter paciência para entender em qual estágio da jornada de compra o consumidor se encontra, oferecer conteúdos relevantes, planejar e incentivar interações apropriadas, além de acompanhar seu progresso (Camacho, 2019). Quando o cliente tem uma experiência positiva, ele finaliza a compra, sente-se bem e com vontade de voltar.

★ IMPORTANTE

De acordo com a agência Bertey (2024), 68% dos consumidores preferem consumir conteúdo educativo sobre produtos e serviços antes de tomar uma decisão de compra. Esse dado é um exemplo de como o marketing de conteúdo educativo ajuda o consumidor a tomar decisões mais informadas.

2. As fases do funil de marketing

De acordo com o Tera ([*s. d.*]), o funil de marketing é uma ferramenta estratégica para orientar o processo de vendas, adequando a comunicação da empresa às diversas etapas da jornada do consumidor.

Enquanto a jornada de compra se concentra na visão do comprador, o funil de marketing observa o processo sob a ótica da empresa. Em outras palavras, é um modelo que auxilia as organizações a atrair, envolver, converter e gerar ações a partir de seus possíveis clientes. Ao harmonizar essas estratégias com o estágio em que o consumidor se encontra, o funil maximiza as chances de uma decisão de compra bem-sucedida.

O funil de marketing é tradicionalmente dividido em quatro principais estágios: atração, engajamento, conversão e ação. Vamos explorar como cada um deles funciona e como as empresas podem aplicá-los.

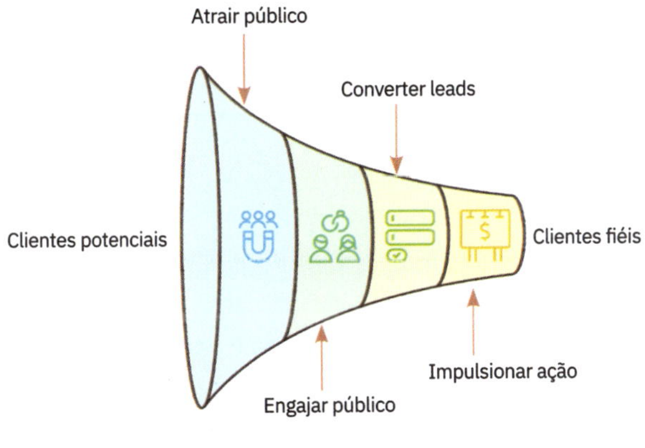

Figura 3.2 – Funil de marketing

Atração: despertando o interesse

A primeira etapa, a atração, é semelhante a uma primeira troca entre a marca e o público. Aqui, o foco não é comercializar, mas despertar o interesse de maneira leve e autêntica. É o momento de apresentar a empresa de forma que gere curiosidade e crie uma ligação.

O objetivo principal nessa fase não é pressionar ou exigir uma ação imediata, e sim construir uma base de confiança. A ideia é evidenciar que a marca pode oferecer algo valioso, mas sem tentar impor isso ao público. É uma oportunidade para mostrar que compreende as necessidades das pessoas e está presente para auxiliá-las.

Os melhores conteúdos para essa etapa são aqueles que informam e envolvem, como posts de blog, vídeos curtos e explicativos, infográficos ou campanhas originais nas redes sociais, com novidades e tendências.

A comunicação deve ser simples, acolhedora e verdadeira, com um tom instrutivo que converse diretamente com o público. Criar materiais que as pessoas tenham vontade de compartilhar também é fundamental, pois isso faz com que a mensagem alcance mais indivíduos espontaneamente.

Engajamento: aproximando-se do público

Na fase de engajamento, a ideia é aprofundar a relação com os consumidores que já foram atraídos. Agora, em vez de somente fornecer informações gerais, a comunicação deve ser focada e personalizada.

O marketing começa a mostrar como a empresa pode auxiliar a solucionar um problema específico do cliente, abordando suas dificuldades ou desejos de maneira direta. Nesse momento, o conteúdo serve para aumentar o interesse e criar uma conexão mais forte, incentivando o consumidor a interagir com a marca.

Algumas estratégias são e-mails de marketing, boletins informativos com conteúdo relevante, ofertas exclusivas para novos contatos, seminários on-line, e-books, questionários e podcasts.

Conversão: exibindo o valor

A fase de conversão ocorre quando o consumidor começa a considerar as opções e avaliar constantemente o que está disponível no mercado. Agora, o conteúdo precisa estar voltado para demonstrar o valor da solução oferecida, que é comparada com outras opções.

O consumidor já tem mais informações e precisa ser convencido de que sua escolha é a melhor. Portanto, a comunicação precisa ser assertiva, mostrando como o produto ou serviço resolve o problema identificado nas fases anteriores.

Ação: tornando a compra simples

Quando o consumidor decide realizar uma compra, as estratégias de marketing assumem um papel essencial: garantir que essa experiência seja a mais tranquila e satisfatória possível.

É fundamental remover qualquer obstáculo que possa surgir, tornando o processo rápido, intuitivo e livre de frustrações. O objetivo é proporcionar uma jornada de compra que flua sem interrupções, para que o cliente se sinta seguro ao tomar sua decisão.

Nesse ponto, cada detalhe faz diferença. É importante antecipar possíveis dúvidas e oferecer respostas claras. Depoimentos reais de outros clientes e garantias de qualidade reforçam a confiança do consumidor, validando sua escolha e eliminando incertezas.

Além disso, estratégias como promoções exclusivas, descontos de última hora e condições especiais criam um senso de oportunidade que pode motivar ainda mais o cliente a comprar. Oferecer opções de pagamento flexíveis, parcelamentos ou frete grátis também contribui para que o consumidor se sinta valorizado e confortável.

O foco é sempre facilitar a experiência do cliente, mostrando que ele é a prioridade em cada etapa. Uma abordagem cuidadosa, que combine simplicidade, transparência e benefícios reais, leva à conclusão da venda, à satisfação e à fidelização do cliente.

★ **SUGESTÃO**

O vídeo a seguir mostra como construir uma jornada de compra, destacando estratégias importantes para entender o comportamento do consumidor e melhorar os resultados de marketing.

"Funil do marketing e a transformação da jornada do cliente" – Opinion Box (2023). Disponível em: https://youtu.be/uRHvTV_kQGE. Acesso em: 19 nov. 2024.

3. Jornada e funil: integração prática

Para alinhar o funil de marketing à jornada de compra do cliente, é necessário entender as diferenças entre a maneira como a empresa vê o processo e como o cliente o vive em cada etapa.

Em outras palavras, enquanto a jornada de compra descreve o caminho do cliente, o funil de marketing detalha as estratégias usadas pela empresa para orientá-lo nessa trajetória.

Quando esses dois elementos se alinham, é possível entregar conteúdos e soluções nos momentos mais oportunos.

Figura 3.3 – Integração da jornada de compra com o funil de marketing

Perspectiva do consumidor × Perspectiva da empresa

Vamos entender como as fases do funil de marketing se conectam com a jornada do cliente, olhando pelos dois pontos de vista: o do consumidor e o da empresa.

Aprendizado e descoberta: atração

Perspectiva do consumidor	Perspectiva da empresa	Exemplo
Neste momento, o consumidor percebe que algo está faltando em sua vida. Pode ser uma necessidade ou um desejo que ele ainda não entende bem. Ele começa a buscar informações para entender melhor a situação e como resolvê-la. Não é uma compra imediata, mas sim uma fase de descoberta e aprendizado. Ele está curioso e quer aprender mais.	Para a marca, é uma chance de se aproximar das pessoas naturalmente. Em vez de pressioná-las com ofertas ou apelos de venda, a ideia é oferecer algo que realmente faça sentido e agregue valor ao dia a dia delas. É como uma conversa inicial: o objetivo não é pedir algo de imediato, mas começar a construir um relacionamento com base na troca de conhecimento e confiança. Essa abordagem ajuda o consumidor a refletir sobre suas necessidades e a perceber que a marca pode ser uma parceira valiosa nessa jornada, sem pressa ou imposições.	Pense em uma marca de acessórios sustentáveis. Em vez de simplesmente promover seus produtos, ela decide compartilhar conteúdos sobre o impacto positivo do consumo consciente no meio ambiente e na sociedade. Em posts nas redes sociais, explica de forma simples e inspiradora como pequenas mudanças nos hábitos podem gerar grandes benefícios.

Quadro 3.1

A intenção aqui é provocar uma reflexão: como minhas escolhas de consumo podem impactar o mundo ao meu redor? Dessa forma, a marca se posiciona como uma fonte confiável de informações e uma aliada no processo de mudança. Sem pressionar, cria um espaço onde o consumidor pode aprender, se identificar e considerar novas possibilidades, sempre no seu próprio tempo.

Esse tipo de conexão, feita com cuidado e empatia, educa e constrói uma base de confiança. É esse vínculo que, com o tempo, fará com que as pessoas se lembrem da marca como mais do que um simples fornecedor, mas um parceiro que realmente se importa com elas.

Reconhecimento do problema: engajamento

Perspectiva do consumidor	Perspectiva da empresa	Exemplo
Agora, o consumidor já percebeu que há algo em sua vida que precisa ser resolvido. Ele começa a buscar maneiras de lidar com isso, investigando opções que possam aliviar ou solucionar a situação. É o momento em que ele quer explorar mais a fundo, entender melhor as alternativas disponíveis e descobrir qual delas se encaixa com o que ele realmente precisa. A busca é mais consciente, e ele começa a se sentir mais decidido sobre o que lhe pode ser útil.	Para a empresa, é uma oportunidade de estreitar a relação com o consumidor. O foco deve ser oferecer conteúdos que realmente façam sentido para o que ele está passando, demonstrando que a marca entende suas necessidades e pode ser uma solução confiável. O objetivo não é vender imediatamente, mas oferecer informações que o ajudem a ver como a marca pode ser útil na resolução do seu problema. O conteúdo precisa ser claro, direto e relevante, sem exageros ou promessas, mas com atenção às preocupações do consumidor.	Imagine uma marca de roupas esportivas que entende que muitas pessoas buscam melhor desempenho nos treinos, mas não sabem que o tipo de tecido pode fazer diferença. A marca, então, compartilha vídeos e e-mails explicando de maneira simples como seus produtos com tecnologia avançada podem melhorar o conforto e a performance nas atividades físicas. A ideia é mostrar que a marca tem algo de relevante a oferecer para quem quer melhorar a experiência durante os exercícios.

Quadro 3.2

Aqui, a comunicação tem como objetivo criar uma conexão, oferecendo algo significativo e fazendo o consumidor sentir que está amparado para tomar a melhor decisão.

Consideração da solução: conversão

Perspectiva do consumidor	Perspectiva da empresa	Exemplo
Agora, o consumidor já tem uma boa compreensão do problema que precisa resolver e está começando a explorar as soluções disponíveis. Ele começa a comparar diferentes alternativas, avaliando preços, características e benefícios de cada uma. Embora ainda não tenha tomado uma decisão final, está cada vez mais perto de escolher o que melhor se adapta às suas necessidades. Ele se dedica a pesquisar cuidadosamente, buscando a opção mais acertada.	Para a empresa, é o momento de mostrar ao consumidor que a solução oferecida é realmente a melhor opção. Mais do que simplesmente listar as qualidades do produto ou serviço, a comunicação deve destacar como ele pode resolver o problema do cliente. A mensagem precisa ser convincente, enfatizando os diferenciais de modo que o consumidor se sinta seguro para dar o próximo passo na decisão de compra.	Imagine uma loja de celulares que não se limita a listar as especificações dos modelos e grava um vídeo comparativo sobre as vantagens que realmente importam para o consumidor, como a duração da bateria ou a qualidade da câmera. Depoimentos de clientes que já adquiriram o produto ou mesmo comparações entre diferentes modelos podem ajudar a reforçar a confiança e mostrar que essa escolha é a mais vantajosa. Tal abordagem deixa o consumidor mais confiante para avançar na sua decisão e efetuar a compra.

Quadro 3.3

Decisão de compra: ação

Perspectiva do consumidor	Perspectiva da empresa	Exemplo
Neste momento, o consumidor está muito próximo de concluir a compra. Ele já pesquisou bastante, comparou opções e tem ideia clara do que quer. No entanto, ainda restam algumas pequenas dúvidas. Talvez ele se pergunte sobre a facilidade de devolver o produto ou se o custo do frete será um empecilho. O que ele mais busca agora é ter certeza de que fez a escolha certa e que todo o processo ocorrerá sem complicações. O consumidor quer segurança e tranquilidade para dar o último passo.	Para a empresa, o objetivo neste ponto é garantir que o consumidor se sinta totalmente à vontade para concluir a compra. O processo deve ser o mais simples possível, sem obstáculos que possam gerar dúvidas. É importante esclarecer todos os detalhes, como prazos de entrega e políticas de devolução, para que o consumidor sinta que está em boas mãos. O foco é proporcionar uma experiência acolhedora, em que não haja espaço para receios.	Pense em uma loja de tênis on-line em que cada página de produto exibe avaliações de clientes que já compraram. Esses comentários ajudam a criar uma sensação de confiança e pertencimento, como se o consumidor fizesse parte de uma comunidade. Além disso, oferecer frete grátis ou a garantia de devolução sem complicação elimina as últimas dúvidas, incentivando-o a finalizar a compra sem medo. Essa abordagem torna o processo mais agradável e fortalece a confiança no momento decisivo.

Quadro 3.4

Ferramentas digitais

Para garantir que a jornada de compra e o funil de marketing se complementem, as empresas podem contar com diversas ferramentas digitais que ajudam em todas as etapas, da atração à ação. Algumas dessas principais ferramentas, apresentadas no capítulo 1, incluem:

- SEO (otimização para motores de busca): para atrair consumidores na fase inicial de descoberta. Potencializado pela estratégia das palavras-chave, o SEO ajuda a garantir que o conteúdo da empresa seja encontrado por quem está em busca de soluções. Com uma boa estratégia, a visibilidade da marca cresce e alcança um público maior.
- E-mail marketing: para manter o engajamento ao longo do funil, o e-mail marketing oferece uma comunicação personalizada com

os consumidores, levando em conta as interações anteriores. Com e-mails segmentados, a empresa consegue nutrir os leads e movê-los para as próximas etapas.

- Redes sociais: para estimular a consideração e destacar os diferenciais da marca. Além de ampliar o alcance, as redes sociais permitem uma interação direta com o público, oferecendo um espaço para responder a dúvidas e compartilhar conteúdos que geram impacto visual.
- Landing pages: para facilitar a conversão e a ação. Elas ajudam a concentrar a atenção do consumidor em uma oferta específica, tornando o processo de compra mais direto e simplificado.

Conectar o funil de marketing com a jornada de compra do cliente é mais que uma tática; faz parte do caminho para o sucesso das campanhas de marketing digital. Quando as empresas conseguem unir essas duas abordagens, a experiência do consumidor melhora significativamente, e o processo de conversão se torna mais frequente.

★ SUGESTÃO

Você pode acessar pelo *Think with Google Brasil* ([*s. d.*]) uma série de vídeos e webinars sobre marketing digital com foco na jornada do consumidor e em como a análise de dados pode otimizar o funil do marketing.

Disponível em: https://www.thinkwithgoogle.com/intl/pt-br/. Acesso em: 18 nov. 2024.

Arrematando as ideias

A jornada de compra começa com a percepção de uma necessidade, passa pela busca por soluções e termina na escolha de um produto ou serviço. O funil de marketing, moldado pela estratégia da empresa, acompanha o cliente nesse caminho. Enquanto a jornada revela o que o consumidor precisa em cada etapa, o funil é a ferramenta que a marca usa para planejar as ações em cada fase (atração, engajamento, conversão e ação).

Quando o funil de marketing é bem aplicado na jornada de compra do consumidor, a comunicação se torna mais personalizada. Oferecer a informação certa no momento certo aumenta a eficiência das campanhas e torna a experiência de compra mais fluida. Isso permite que o consumidor se sinta mais à vontade para prosseguir e tomar decisões.

Lembre-se de que a jornada de compra não segue um caminho único, já que o comportamento do consumidor pode ser imprevisível. Por isso, o funil de marketing precisa ser flexível, estando pronto para se ajustar e evoluir de acordo com as necessidades do cliente. Monitorar métricas como taxa de conversão, tempo de permanência no site e engajamento é uma forma de obter insights para otimizar as estratégias.

No final, o que realmente importa é criar uma conexão genuína com o consumidor. Quando essa conexão acontece, os cliques se transformam em compras reais, e os consumidores se tornam defensores leais da marca.

4 Inbound marketing: atraindo clientes naturalmente

Você sabia que o Magazine Luiza utiliza estratégias de inbound marketing para conquistar seu extenso público? Uma de suas táticas mais eficazes foi a criação da brand persona Lu, uma personagem influenciadora digital que se tornou um verdadeiro ícone nas redes sociais, como YouTube e Instagram.

A Lu é um excelente exemplo de como o storytelling e a personalização são elementos-chave no inbound marketing, formando um vínculo com a audiência. Para além de uma venda convencional, a marca constrói uma história que cria empatia e facilita a jornada do consumidor.

No capítulo 3, exploramos como o funil de marketing digital e a jornada de compra funcionam como ferramentas complementares para guiar os consumidores desde o momento da descoberta de um problema até a decisão de compra. Ficou claro que compreender cada etapa dessa jornada é essencial para construir uma comunicação fluida, capaz de acompanhar as necessidades e desejos do cliente em diferentes momentos. Mas como as marcas podem fazer isso de forma natural, sem parecer insistentes ou intrusivas? Como transformar cada interação com o consumidor em uma experiência positiva e significativa?

Essas perguntas nos levam ao centro do inbound marketing. Neste capítulo, vamos explorar como ele opera como uma extensão natural da jornada do consumidor e do funil de marketing. Discutiremos também os pilares que sustentam essa metodologia e como eles trabalham juntos.

1. Inbound e outbound: uma comparação

De acordo com Siqueira (2024), o inbound marketing é uma abordagem de marketing focada em atrair clientes organicamente por meio de conteúdo útil e personalizado, utilizando ferramentas como SEO, blogs e redes sociais. O processo envolve etapas como atrair visitantes, transformar leads em oportunidades, concretizar vendas e fidelizar clientes.

Enquanto o funil de marketing define as estratégias para mover o consumidor ao longo da jornada de compra, o inbound marketing é a metodologia que permite que isso aconteça sem interrupções forçadas ou táticas invasivas. Trata-se de uma maneira de construir conexões duradouras, colocando o consumidor no centro de todas as decisões.

Diferentemente do outbound marketing, que aposta em propagandas e abordagens interruptivas, o inbound se baseia na criação de valor. Ao disponibilizar informações relevantes no momento certo, as marcas se tornam não apenas fornecedoras de produtos ou serviços, mas verdadeiras aliadas na resolução de problemas e realização de desejos. Essa abordagem reflete a evolução do marketing digital, que não se limita a vender, buscando educar, engajar e, acima de tudo, encantar.

Para compreender melhor o valor do inbound marketing, vamos compará-lo com o outbound marketing tradicional.

Aspecto	Inbound marketing	Outbound marketing
Abordagem	Atração natural por meio de conteúdo útil.	Interrupção com anúncios genéricos.
Canais	Blogs, redes sociais, e-mail segmentado.	TV, rádio, e-mails em massa.
Custo	Inicialmente baixo, com ROI crescente.	Alto, com ROI mais difícil de mensurar.
Relacionamento	Construção de confiança e engajamento.	Comunicação unidirecional.

Quadro 4.1 – Inbound marketing × Outbound marketing

Ao integrar as etapas da jornada de compra com as estratégias de inbound marketing, é possível criar uma experiência única e personalizada, na qual o cliente se sente valorizado e respeitado.

★ **PARA SABER MAIS**

O inbound marketing tem raízes em práticas antigas de marketing, mas foi popularizado com o crescimento da internet. Empresas começaram a perceber que, em vez de interromper os consumidores com anúncios, poderiam atraí-los com conteúdo mais relevante. O termo "inbound" foi cunhado por Brian Halligan e Dharmesh Shah, fundadores da HubSpot, que transformaram essa abordagem em uma metodologia eficaz para conquistar e fidelizar clientes.

2. Criando conteúdo de valor

O conteúdo de valor é a base do inbound marketing. Em concordância com Bortoli (2025), conteúdo de valor é aquele que se destaca por sua relevância e utilidade, oferecendo informações de qualidade que proporcionam benefícios concretos.

Em um cenário repleto de alternativas e sobrecarga de informações, o consumidor moderno não demonstra disposição para ser interrompido ou exposto a anúncios repetitivos. Em vez disso, busca algo mais interessante.

Um conteúdo bem elaborado tem a capacidade de atrair o público e estabelecer uma conexão com ele. Não se restringe a promover produtos, trazendo soluções práticas e conhecimentos que posicionam a marca como referência no setor, enquanto acompanha a jornada do consumidor até a conversão.

Nesse contexto, em que os consumidores controlam o processo de compra, o conteúdo de valor engaja e conquista potenciais clientes de maneira orgânica. Além disso, funciona como um filtro natural, atraindo consumidores interessados na solução oferecida e afastando aqueles sem intenção de se aprofundar no tema.

Conteúdo de valor alinhado à jornada de compra

Como apresentado no capítulo 3, a jornada de compra é composta de quatro etapas: atração, engajamento, conversão e ação. O conteúdo de valor deve ser projetado para atender a cada uma dessas fases de forma estratégica. Cada etapa da jornada tem suas próprias necessidades e objetivos, e o conteúdo precisa se adaptar a essas mudanças.

Atração: despertando o interesse

No topo do funil, os consumidores ainda estão começando a perceber que uma necessidade ou problema existe, embora não saibam exatamente como lidar com isso. O conteúdo criado nessa etapa deve ser instrutivo e informativo, ajudando-os a compreender o que está acontecendo sem forçar uma venda imediata.

Nessa fase inicial, o objetivo do conteúdo é chamar a atenção de uma audiência mais ampla, apresentando a marca como uma fonte confiável de informações.

Exemplos de conteúdo apropriado incluem:

» Postagens em blogs sobre temas gerais relacionados ao setor ou à área de atuação da marca. O objetivo é responder às perguntas iniciais do consumidor e oferecer um ponto de partida para a solução.
» Infográficos que explicam conceitos ou processos de maneira simples e visual.
» Vídeos curtos e explicativos que apresentam uma visão geral sobre um tópico de interesse do público.

Por exemplo, uma loja de eletrodomésticos pode criar um post intitulado "O que você deve saber antes de comprar uma TV 4K" para atrair pessoas que estão começando a considerar a compra de uma TV, mas ainda não sabem quais aspectos são importantes, como resolução, tamanho da tela e compatibilidade com outras tecnologias.

Engajamento: conectando-se com as dores e problemas do consumidor

Quando o consumidor avança para a fase de engajamento, ele já identificou que tem uma dor ou necessidade. Agora, o objetivo é entender melhor como resolver a questão, explorando as diferentes opções disponíveis.

Nesse estágio, o conteúdo de valor deve ser profundamente focado nas necessidades do consumidor, com o intuito de demonstrar como a marca pode ser a solução ideal. Portanto, o conteúdo não deve apenas informar, mas também nutrir o relacionamento, fornecendo respostas que ajudem o consumidor a enxergar como ele pode resolver suas dificuldades.

Exemplos de conteúdo para engajamento incluem:

» Artigos e postagens em blog sobre os problemas específicos que os consumidores enfrentam ao buscar uma TV nova, como a dificuldade em escolher a melhor tela para um ambiente pequeno ou como entender as diferentes tecnologias de TV.
» Webinars ou vídeos detalhados que abordam as dúvidas mais comuns do consumidor, como a escolha entre uma TV LED e uma OLED.
» Estudos de caso que mostram como outras pessoas resolveram problemas semelhantes ao buscar uma nova TV, destacando as soluções que a marca oferece.

Por exemplo, a loja de eletrodomésticos pode criar um webinar gratuito intitulado "Como escolher a TV ideal para o seu ambiente e orçamento", no qual especialistas explicam os principais pontos a serem considerados: como o tamanho da sala influencia a escolha da tela, as diferenças entre os tipos de TV (LED, OLED, QLED) e como a qualidade de som também impacta a decisão. Além de educar o consumidor, isso o ajuda a descobrir por onde começar a busca pela TV perfeita.

Conversão: ajudando a tomar a decisão certa

Na fase de conversão, o consumidor já está familiarizado com o problema e as soluções disponíveis. Agora, ele precisa de informações detalhadas que o ajudem a escolher a opção mais adequada para suas necessidades.

O conteúdo de valor nesse momento deve ser altamente específico, demonstrando claramente como a solução da empresa se destaca em relação às concorrentes.

Exemplos de conteúdo para conversão incluem:

» Depoimentos e avaliações de clientes que oferecem prova social sobre a eficácia do produto ou serviço.
» Demonstrações de produtos que mostram como a solução funciona na prática.
» Comparações entre produtos ou planos de serviço, detalhando as vantagens de escolher a marca.

Se a loja de eletrodomésticos já tiver nutrido seu lead com conteúdo de engajamento, ela pode oferecer uma demonstração ao vivo de uma TV, apresentando a qualidade da imagem e os recursos exclusivos do modelo, como som integrado, assistente virtual e conectividade com outros dispositivos da casa. Esse conteúdo ajuda a esclarecer dúvidas específicas e mostra ao consumidor o valor da TV em comparação com outros modelos.

Ação: facilitando a compra

Finalmente, na fase de ação, o consumidor já está pronto para tomar uma decisão, mas ainda precisa de um pequeno empurrão para finalizar a compra. O conteúdo de valor aqui é mais direto, com o objetivo de eliminar as últimas dúvidas e reforçar a decisão de compra.

Exemplos de conteúdo para ação incluem:

» Ofertas e descontos exclusivos para incentivar a ação imediata.

- Garantias de devolução ou políticas de troca flexíveis, que removem a preocupação com o risco da compra.
- Guias de como comprar que expliquem de forma simples o processo de aquisição.

Voltando ao exemplo da loja de eletrodomésticos, ela pode oferecer um desconto de 10% para compras realizadas no mesmo dia ou uma garantia de devolução de 30 dias sem custo adicional. Isso ajuda a eliminar qualquer hesitação de última hora.

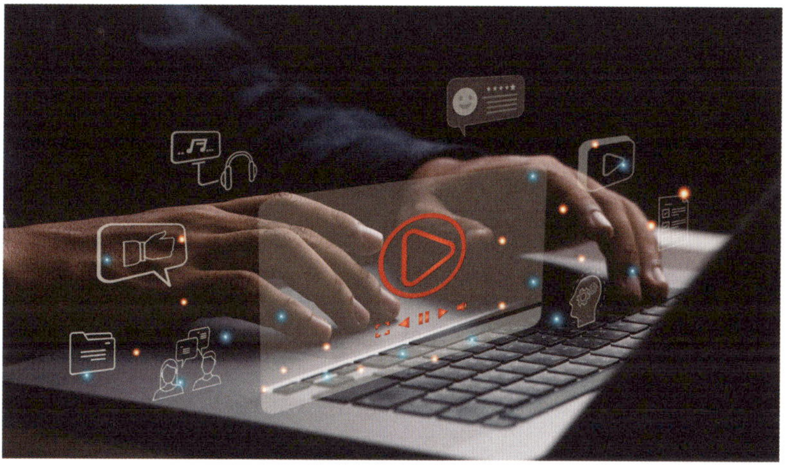

Figura 4.1 – Marketing de conteúdo: transformando informações em conexões e resultados

3. SEO e otimização de conteúdo

Até aqui, falamos sobre a importância de criar conteúdo de valor no universo das vendas digitais. Mas esse é apenas o começo. Como garantir, afinal, que esse conteúdo seja visto pelas pessoas certas no momento certo?

O SEO, como vimos no capítulo 1, tem papel fundamental nesse processo. Ele se refere a um conjunto de técnicas de otimização voltadas para mecanismos de busca. Sua finalidade é garantir que páginas da web atinjam uma boa classificação orgânica no Google e em outras plataformas, como Bing ou Yahoo, utilizando conteúdos de qualidade.

Por que o SEO é importante no inbound marketing?

No inbound marketing, o SEO é a chave para atrair visitantes que estão procurando informações ou soluções que a marca pode oferecer. Diferentemente das abordagens tradicionais de marketing, como os comerciais de TV ou anúncios invasivos, em que a marca tenta interromper o consumidor, o SEO permite que o conteúdo seja encontrado naturalmente quando o consumidor já está buscando algo relacionado ao produto ou serviço.

Em um mercado saturado de opções, aparecer nos primeiros resultados de busca oferece à marca a chance de se destacar e ser percebida como uma fonte confiável de informações. Além de aumentar o tráfego para o site, isso ajuda a construir autoridade, já que as pessoas tendem a confiar mais nas marcas que aparecem no topo dos resultados de pesquisa.

O SEO também é uma estratégia para atrair tráfego qualificado, ou seja, pessoas que realmente têm interesse no que está sendo oferecido. Não se trata, portanto, apenas de atrair visitantes para o site, mas atrair pessoas que estão mais propensas a se envolver com o conteúdo e, eventualmente, realizar uma compra ou tomar a atitude desejada.

Componentes principais do SEO

O SEO envolve uma série de ações, e todas elas devem trabalhar juntas para melhorar o desempenho do conteúdo nos motores de busca. Vejamos, a seguir, os principais componentes do SEO e como cada um deles contribui para melhorar a visibilidade do conteúdo.

Pesquisa de palavras-chave: a base do SEO

Para Mota (2020), a pesquisa de palavras-chave é a etapa inicial de qualquer estratégia de SEO. Aqui, identificam-se as palavras e frases que o público está usando para procurar informações, produtos ou serviços relacionados ao que a marca oferece.

Com base nessas palavras-chave, é possível criar conteúdo direcionado para atender às necessidades do consumidor, além de otimizar as páginas para que apareçam nos resultados de pesquisa quando essas palavras forem pesquisadas.

★ IMPORTANTE

Como fazer uma pesquisa de palavras-chave?

Utilize ferramentas como Google Keyword Planner, SEMrush e Ahrefs para identificar quais termos são mais procurados e quais têm mais chances de gerar tráfego. Essas ferramentas também oferecem informações sobre o nível de competição por essas palavras, ajudando a planejar melhor a estratégia.

Um ponto fundamental na pesquisa de palavras-chave é compreender a intenção por trás da consulta. Existem três tipos principais de intenção de pesquisa:

- **Informacional:** o consumidor quer aprender mais sobre algo. Exemplo: "o que é uma TV 4K?".
- **Navegacional:** o consumidor está procurando uma marca ou produto específico. Exemplo: "melhor TV Samsung para sala de estar".
- **Transacional:** o consumidor está pronto para fazer uma compra ou realizar uma ação específica. Exemplo: "onde comprar TV 4K em São Paulo".

SEO on-page: otimização dentro da página

Utilizar o SEO on-page é como preparar o terreno para que os motores de busca entendam e valorizem o conteúdo das páginas. Trata-se de ajustar elementos dentro do próprio site — como títulos, textos, imagens e a estrutura do conteúdo — para deixá-lo organizado e acessível tanto para os buscadores quanto para os visitantes. É um trabalho que garante que a mensagem chegue do jeito certo a quem procura.

Alguns dos principais aspectos do SEO on-page são:

- **Título da página e meta descrição:** o título da página (tag title) deve ser claro e incluir as palavras-chave mais relevantes para a página. A meta descrição, embora não influencie diretamente o ranqueamento, é importante porque aparece nos resultados de busca e pode atrair cliques para o site.
- **Uso adequado de palavras-chave:** as palavras-chave devem ser inseridas de forma natural nos títulos, subtítulos, corpo do texto e URLs. No entanto, deve-se evitar seu uso excessivo ou forçado (keyword stuffing), pois isso pode prejudicar o ranqueamento.
- **Estrutura do conteúdo:** o conteúdo deve ser organizado de maneira clara, utilizando subtítulos (H2, H3, etc.) e listas, o que torna a leitura mais fácil para os usuários e ajuda os motores de busca a entenderem melhor o conteúdo da página.
- **Imagens e conteúdo multimídia:** imagens e vídeos podem melhorar a experiência do usuário e aumentar o engajamento, mas é importante garantir que os arquivos de mídia sejam otimizados para carregamento rápido e que o texto alternativo (alt text) das imagens seja bem descrito e inclua palavras-chave relevantes.

SEO técnico: melhorando a estrutura do site

O SEO técnico envolve ajustes na estrutura do site para que ele seja facilmente rastreado e indexado pelos motores de busca. Embora esses elementos não sejam visíveis para os usuários, eles influenciam diretamente a performance do site nos resultados de busca.

As principais áreas do SEO técnico são:

- **Velocidade de carregamento do site:** a rapidez com que uma página carrega é um fator importante para o SEO. Sites com carregamento lento comprometem a experiência do usuário e podem ser penalizados pelo Google. Recursos como o Google PageSpeed Insights são úteis para apontar aspectos que necessitam de aperfeiçoamento.

- » **Responsividade móvel:** como a maioria das buscas é feita em dispositivos móveis, é fundamental assegurar que o site seja adaptável, ou seja, que se ajuste de forma eficiente a diferentes tamanhos de tela. Esse aspecto é importante tanto para oferecer uma boa experiência ao usuário quanto para otimizar o SEO.
- » **Arquitetura do site e navegação:** a maneira como as páginas são estruturadas no site impacta a navegação e a compreensão por parte dos motores de busca. Uma boa arquitetura de site ajuda a distribuir a autoridade entre as páginas, além de permitir que os usuários encontrem rapidamente o que procuram.

Link building: construindo autoridade com links externos

Backlinks (ou links de outros sites para um site) são um dos principais fatores para que uma página alcance uma classificação alta nos mecanismos de busca. O Google vê os backlinks como uma forma de recomendação, um sinal de que outros sites reconhecem a utilidade e relevância do conteúdo.

Quanto maior o número de backlinks de qualidade que o site obter, mais sólida será sua autoridade, o que aumenta as chances de alcançar melhores posições nos resultados de pesquisa.

Algumas dicas para conseguir backlinks de qualidade:

- » **Criação de conteúdo valioso:** crie conteúdo de alta qualidade, que as pessoas queiram compartilhar e referenciar.
- » **Guest blogging:** escreva artigos para blogs de terceiros em troca de um link para o site.
- » **Parcerias e colaborações:** faça collabs com influenciadores e outras empresas.

Conteúdo relevante e atualizado: a importância da atualização constante

Manter o conteúdo atualizado é importante para garantir que ele siga pertinente para o público e os motores de busca. O Google tende a priorizar conteúdos novos e revisados, especialmente quando se trata de temas em contínua mudança ou tendências que se desenvolvem rapidamente.

Veja como manter o conteúdo atualizado:

- » **Revisão periódica:** revise artigos antigos, atualizando as informações para refletir mudanças no setor, novas pesquisas ou avanços relacionados ao produto.
- » **Adição de novos tópicos:** identifique mudanças ou novas tendências e crie conteúdos que atendam a essas demandas.

A experiência do usuário (UX) no SEO

A experiência do usuário (UX) ocupa um lugar de destaque na estratégia de SEO. Hoje, os motores de busca, especialmente o Google, consideram a qualidade da experiência do usuário um fator determinante no ranqueamento de páginas. Não basta apresentar o conteúdo certo com palavras-chave bem aplicadas; o usuário deve ter uma experiência fluida, agradável e eficiente ao navegar no site. O Google, em particular, busca oferecer aos seus usuários os melhores resultados possíveis, e isso significa priorizar sites que proporcionam uma experiência positiva.

Como a UX impacta o SEO?

O Google e outros mecanismos de busca estão cada vez mais sofisticados e já são capazes de avaliar não só o conteúdo de uma página, mas como os usuários interagem com esse conteúdo.

Se um site oferece uma excelente experiência para os visitantes, isso indica que ele é relevante e útil, aumentando as chances de ser bem ranqueado. Em contraste, se tem uma navegação difícil, tempo de carregamento lento ou não é bem adaptado para dispositivos móveis, isso pode resultar em uma experiência negativa para o usuário, afetando seu ranqueamento.

Figura 4.2 – Design centrado no usuário para experiências digitais positivas

Principais elementos de UX que afetam o SEO

Existem diversos fatores relacionados à experiência do usuário que influenciam diretamente o SEO. A seguir listamos os principais elementos que, quando bem executados, podem melhorar significativamente o desempenho do site nos motores de busca.

» Velocidade de carregamento: estudos mostram que os usuários abandonam sites que demoram mais de três segundos para carregar. O Google, consciente dessa realidade, penaliza páginas lentas, já que uma experiência de navegação lenta é frustrante para o usuário. Ferramentas como o Google PageSpeed Insights ajudam a medir o desempenho do site e sugerem maneiras de melhorar a velocidade, como otimizar imagens, reduzir o uso de scripts pesados e melhorar o cache do navegador.

» Design responsivo: sites que não se adaptam bem a diferentes tamanhos de tela (como as de smartphones e tablets) trazem uma experiência ruim para os usuários. O Google considera a usabilidade móvel um dos fatores para ranqueamento, ou seja, sites com um design responsivo têm mais chances de se destacar nos resultados de busca. Um design responsivo garante que o site seja acessível e funcional em qualquer dispositivo.

- » **Navegação intuitiva e arquitetura de informação:** a estrutura do site, isto é, a maneira como ele é organizado, também é crucial para a experiência do usuário. Um site com navegação intuitiva e boa arquitetura de informações permite que os usuários encontrem rapidamente o que estão buscando, o que diminui a taxa de rejeição e aumenta o tempo de permanência.
- » **Design visual e layout agradável:** sites que apresentam textos muito densos ou com pouco contraste, fontes pequenas ou imagens de baixa qualidade podem criar uma experiência visualmente ruim. Isso pode levar a uma maior taxa de rejeição, pois os usuários rapidamente saem do site. Um design limpo, com fontes legíveis, imagens de qualidade e uma estrutura de layout bem distribuída melhora a experiência do usuário e, consequentemente, o SEO.
- » **Conteúdo fácil de consumir:** para ser fácil de consumir e entender, o conteúdo pode fazer uso de subtítulos, listas e parágrafos curtos, dividindo o texto e tornando-o mais escaneável. O uso de multimídias como vídeos, infográficos e imagens de alta qualidade também mantém os usuários por mais tempo no site, o que é visto positivamente pelos motores de busca.
- » **Interação com o usuário e feedback visual:** sites que oferecem interação fácil e feedback visual (como animações ao passar o mouse, botões com efeitos ou mensagens de confirmação quando uma ação é realizada) tendem a ser mais agradáveis de usar. Além disso, quando um site oferece uma experiência interativa em que o usuário pode facilmente encontrar respostas ou realizar ações (preencher formulários, navegar entre páginas, encontrar produtos), ele aumenta o envolvimento e melhora a experiência do usuário.

O Google tem ferramentas e algoritmos avançados para avaliar a experiência do usuário, levando em conta fatores como:

- » **Taxa de rejeição:** a taxa de rejeição representa a porcentagem de usuários que deixam o site após acessarem uma única página. Se os usuários não interagem com o site e saem rapidamente, isso indica ao Google que o site pode não ser útil ou relevante para o que eles estão procurando. Melhorar a experiência de navegação e a facilidade de uso ajuda a diminuir essa taxa.

- » Tempo de permanência: quanto mais tempo os usuários passam em uma página, mais o Google entende que o conteúdo dessa página é útil e relevante. Para aumentar o tempo de permanência, é importante criar conteúdo interessante e facilitar a navegação para páginas relacionadas, garantindo que os visitantes continuem explorando.
- » Páginas visitadas por sessão: o número de páginas que um visitante acessa em uma única sessão também é um bom indicador de uma experiência de usuário positiva. Isso pode ser incentivado com uma navegação bem estruturada e links internos, que levam o usuário de uma página para outra sem esforço.

Como melhorar a UX para o SEO

Algumas práticas podem ser adotadas para melhorar a experiência do usuário no site e, ao mesmo tempo, otimizar o SEO.

- » Focar simplicidade e clareza: garanta que o design e a navegação sejam simples e intuitivos, evitando a inclusão de elementos desnecessários.
- » Realizar testes de usabilidade: teste com usuários reais para identificar áreas de melhoria na navegação, no layout e na interação.
- » Utilizar ferramentas de análise: use ferramentas como Google Analytics e Hotjar para identificar comportamentos dos usuários – onde clicam, onde abandonam as páginas e quanto tempo permanecem em cada seção.
- » Otimizar a velocidade do site: adote técnicas como compactação de imagens, redução de scripts e aproveitamento de cache para garantir que o site seja rápido e eficiente.
- » Garantir a compatibilidade com dispositivos móveis: tenha um design responsivo, visto que cada vez mais usuários acessam sites por meio de smartphones e tablets.

4. Automação de marketing: personalização em escala

Gerenciar leads e nutrir relacionamentos em larga escala seria impossível sem o auxílio da automação de marketing. Essa estratégia utilizada pelas empresas envolve entregar mensagens personalizadas no momento certo, otimizando a experiência do consumidor.

Figura 4.3 – Automação de marketing: otimizando processos e aumentando resultados

Como funciona a automação de marketing?

Automação de marketing é o uso de um software para executar tarefas repetitivas, como envio de e-mails, agendamento de postagens e segmentação de leads, com base em critérios definidos.

Os principais benefícios da automação no inbound marketing são:

» Personalização em massa: envie conteúdos que realmente ressoem nos interesses e comportamento dos leads. Por exemplo: se um lead baixou um e-book sobre marketing de conteúdo, ele pode receber e-mails com dicas práticas para aprofundar seu conhecimento sobre o tema.

» Nutrição de leads: crie fluxos automatizados que acompanhem os leads ao longo da jornada de compra, oferecendo o que eles precisam no momento certo. Por exemplo: depois de participar de um webinar, um lead pode ser convidado a agendar uma demonstração do produto, dando um próximo passo natural na jornada de compra.
» Mensuração de resultados: acompanhe de perto métricas como taxas de abertura, cliques e conversões, para fazer ajustes rápidos e melhorar o desempenho das campanhas.

As ferramentas de automação mais conhecidas são:

» HubSpot: oferece uma plataforma completa para gerenciamento do inbound marketing.
» RD Station: popular no Brasil, ajuda a planejar e executar campanhas de nutrição de leads.
» Mailchimp: ideal para automação de e-mails em pequenas empresas.

★ **SUGESTÃO**

O canal *Camila Porto TV* no YouTube oferece uma série de vídeos, dicas e estratégias focadas em inbound marketing, geração de leads e aplicação de automação de marketing para otimizar a jornada do consumidor. Acesse-o para aprender a criar campanhas personalizadas e acompanhar as últimas tendências do marketing digital no Brasil.

Disponível em:
https://www.youtube.com/channel/UC_KMiBsstLkXvODKfTRjQFA.
Acesso em: 26 fev. 2025.

Arrematando as ideias

O inbound marketing transforma a maneira como as marcas se conectam com seus consumidores. Ao alinhar conteúdo de valor, SEO e automação de marketing, criamos um ecossistema em que o consumidor é atraído naturalmente, sem interrupções ou pressões. Ao compreender e aplicar essas estratégias, as marcas aumentam suas conversões e ainda constroem relações que resultam em clientes fiéis e promotores da marca.

Essa abordagem não substitui o outbound, mas o complementa, criando um equilíbrio entre estratégias tradicionais e modernas para maximizar os resultados. Com isso, fechamos o capítulo 4 dando continuidade à compreensão da jornada de compra e oferecendo ferramentas para que as empresas sejam bem-sucedidas no competitivo universo digital.

5

Inteligência artificial e seu impacto no marketing digital

A inteligência artificial (IA) tem se consolidado em nossas vidas, revolucionando setores como saúde, educação, transporte e entretenimento. No marketing, podemos utilizá-la para melhorar a eficiência operacional, automatizar tarefas, personalizar experiências de usuário e até mesmo prever tendências futuras.

Os sistemas inteligentes que utilizam essa técnica são chamados de agentes de IA. Algumas reflexões sobre eles podem ser encontradas neste artigo da revista *Exame*:

Agentes de IA: 4 pontos de impacto que serão sentidos pelas agências de marketing

Nova inteligência artificial não se limita a responder a comandos, tomando decisões e executando ações de maneira autônoma

Fonte: Exame (2025). Disponível em: https://exame.com/bussola/agentes-de-ia-4-pontos-de-impacto-que-serao-sentidos-pelas-agencias-de-marketing/. Acesso em: 31 mar. 2025.

Com toda essa tecnologia em mãos, como podemos manter a criatividade humana como diferencial estratégico? E como usar a IA para criar boas campanhas, mas sem abrir mão da transparência e do respeito aos consumidores?

Para aumentar seu conhecimento, vamos apresentar neste capítulo alguns conceitos relacionados à IA e suas aplicações no marketing digital, as principais ferramentas para geração de texto, imagem e vídeo, além dos desafios éticos que essas inovações trazem.

1. Fundamentos da IA no marketing digital

Imagine ser capaz de usar uma tecnologia que aprenda com grandes quantidades de dados e os traduza em ações precisas. Com a IA, é possível começar a compreender verdadeiramente o comportamento do consumidor.

Muito mais do que criar conteúdo, a IA nos ajuda a identificar o público-alvo, analisar padrões, prever o que as pessoas podem querer e até entender o momento certo para oferecer o que precisam. E qual é o resultado disso? Proporcionar experiências mais significativas ao público e melhores resultados às empresas.

Figura 5.1 – Inspirada no cérebro humano, a IA conecta circuitos e dados para gerar inteligência

Um dos grandes diferenciais da IA é sua capacidade de analisar dados em tempo real. Assim, as empresas conseguem ajustar uma campanha enquanto ela ainda está acontecendo, aproveitando insights para melhorar os resultados.

Um exemplo é a Netflix: ao analisar o histórico de cada usuário, a plataforma recomenda filmes e séries que têm grandes chances de agradá-lo, mantendo-o engajado e incentivando-o a explorar mais conteúdos. No marketing, a lógica é a mesma: reconhecer padrões de comportamento e fazer com que cada pessoa encontre exatamente o que procura.

A personalização também é uma das grandes forças da IA, mas ela vai além. Pense em um e-commerce no qual você pesquisa um produto e, pouco tempo depois, começa a ver anúncios daquilo que buscava. É a IA analisando suas interações para criar experiências únicas e mais atrativas.

Outra aplicação importante da IA é no atendimento ao cliente. Chatbots e assistentes virtuais, por exemplo, oferecem respostas rápidas e precisas para dúvidas comuns, ajudando as empresas a atenderem com mais agilidade sem depender exclusivamente da interação humana. Esses sistemas aprendem com as interações passadas e ficam mais eficientes com o tempo.

Além disso, a IA ajuda a prever comportamentos. A Amazon, por exemplo, já faz isso com maestria. A plataforma analisa o histórico de compras e navegação, os itens que você olhou e até as avaliações que deixou para antecipar quais produtos podem lhe interessar ou até sugerir itens complementares.

Tarefas como envio de e-mails, segmentação de anúncios e acompanhamento de leads, que consumiam muito tempo e esforço, agora podem ser feitas de forma automática. Isso libera o foco para o que realmente importa: criatividade, estratégia e inovação.

E não são só os grandes nomes que podem tirar proveito dessas tecnologias. Pequenas e médias empresas também têm à disposição ferramentas acessíveis, como o HubSpot e o Mailchimp, que usam IA para criar e enviar campanhas de e-mail segmentadas. Essas plataformas ajustam o conteúdo com base no comportamento do usuário, enviando mensagens mais assertivas sem exigir um esforço manual constante.

No final das contas, a IA promoveu uma nova dinâmica no marketing digital, transformando o modo como as marcas se comunicam e criam experiências. Ela automatiza processos, personaliza interações e dá mais eficiência para campanhas – o que resulta em mais vendas e longos relacionamentos.

★ **SUGESTÃO**

O canal *Inteligência Artificial Brasil* no YouTube é uma excelente opção para quem deseja explorar o universo da IA. Com vídeos que abordam desde conceitos básicos até aplicações práticas, o canal oferece tutoriais detalhados sobre ferramentas, tendências tecnológicas e novidades do setor.

Disponível em: https://www.youtube.com/@canalIAbrasil. Acesso em: 20 dez. 2024.

Aprendizado de máquina (machine learning)

De acordo com Cubo (2023), aprendizado de máquina é "uma área da inteligência artificial que busca oferecer a computadores a capacidade de aprender de forma contínua, aprimorando suas habilidades e melhorando sua precisão gradualmente". Basicamente, é uma forma de fazer com que computadores aprendam sozinhos a tomar decisões ou fazer previsões, a partir de dados.

Em vez de programar cada passo, com o aprendizado de máquina você fornece uma quantidade enorme de informações ao sistema para que ele encontre padrões e melhore conforme vai processando esses dados. Há três modos principais de fazer isso: supervisionado, não supervisionado e por reforço.

Aprendizado supervisionado

O aprendizado supervisionado é uma ramificação do aprendizado de máquina e da inteligência artificial, caracterizada pelo uso de dados rotulados para treinar algoritmos que realizam classificações ou fazem previsões de resultados de maneira precisa (IBM, 2024). Você mostra ao sistema dados que têm uma ligação direta entre o que entra e o que sai — é como dizer: "quando isso acontece, o resultado é esse". Com base nesses exemplos, o sistema aprende a prever novos cenários. Um bom exemplo é treinar o sistema para identificar se um e-mail é spam ou para calcular o preço de uma casa.

Aprendizado não supervisionado

No aprendizado não supervisionado, os dados não trazem respostas prontas. O sistema precisa aprender por conta própria descobrindo padrões, como, por exemplo, agrupar clientes com comportamentos semelhantes ou identificar algo estranho em um processo (Candido, 2023).

Aprendizado por reforço

O aprendizado por reforço se assemelha a um processo de aprendizagem interativo, no qual o sistema computacional desenvolve suas próprias estratégias de tomada de decisão (IBM, 2024). Funciona de maneira similar a um processo de experimentação: o sistema interage com o ambiente, recebendo feedback imediato para cada ação. Quando toma decisões corretas, obtém recompensas; quando erra, recebe penalizações. Esse mecanismo permite que o sistema ajuste gradualmente seu comportamento, aprimorando sua performance.

Tal técnica encontra aplicações promissoras em diversos campos, como robótica, desenvolvimento de jogos e sistemas de recomendação. Um exemplo prático são os algoritmos que sugerem conteúdos personalizados, como filmes ou músicas, adaptando-se constantemente às preferências do usuário. O resultado é um método de aprendizado dinâmico e adaptativo, que reproduz, de certa forma, processos de aprendizagem encontrados em sistemas biológicos, mas implementados através de sofisticados algoritmos computacionais.

Algoritmos

Os algoritmos de IA são como engrenagens invisíveis. Simplificando, consistem em um conjunto de regras e instruções que permitem às máquinas analisar grandes quantidades de dados, reconhecer padrões e tomar decisões de forma autônoma.

No marketing, isso se traduz em campanhas mais personalizadas, recomendações de produtos que parecem adivinhar as necessidades do cliente e uma experiência de consumo mais intuitiva. Quando você vê um anúncio que oferece exatamente o que você deseja, é provável que um algoritmo de IA esteja trabalhando duro para oferecer essa experiência.

A maior diferença entre os algoritmos de IA é a capacidade de aprender e se adaptar. Isso é obtido por aprendizagem automática, pela qual os algoritmos evoluem com base em novos dados e experiências anteriores. Diferentemente dos sistemas que apenas seguem regras fixas, esses algoritmos aprendem a reconhecer o que funciona e o que não funciona, possibilitando previsões mais confiáveis. No marketing, isso significa prever em quais produtos os clientes podem estar interessados, determinar o melhor momento para enviar uma oferta e até mesmo ajustar o tom da mensagem. Um exemplo comum é uma loja on-line que recomenda produtos relacionados a compras recentes ou sugere promoções com base no histórico de navegação.

Redes neurais

Inspiradas no funcionamento do cérebro humano, as redes neurais são compostas de várias camadas de "neurônios" interconectados, que processam informações de forma sofisticada. Essa estrutura permite que sistemas de IA executem análises mais profundas e encontrem relações que muitas vezes nós, humanos, não perceberíamos.

O que torna as redes neurais tão especiais é sua capacidade de identificar padrões ocultos. Por isso são eficazes para tarefas como o reconhecimento de voz — presente em assistentes virtuais como Siri e Alexa — e a análise de sentimentos em textos.

Um exemplo prático é uma rede neural que analisa postagens em redes sociais e consegue identificar se os comentários sobre um produto são positivos, negativos ou neutros. Essa leitura de sentimentos ajuda as empresas a entenderem melhor a percepção dos consumidores para fazer ajustes mais precisos em suas estratégias de comunicação.

Outro grande benefício das redes neurais é a previsão do comportamento de compra. Com uma boa quantidade de dados, a rede identifica padrões de comportamento e antecipa quando e o quê um cliente pode comprar em seguida.

Quando redes neurais, aprendizado de máquina e algoritmos se combinam, as marcas conseguem personalizar experiências, automatizar processos e tomar decisões mais bem fundamentadas. E o mais interessante é que essas tecnologias estão em contínua evolução. Quanto mais dados as redes neurais processam, mais "inteligentes" elas se tornam.

★ PARA SABER MAIS

Você já reparou que a tecnologia parece estar sempre um passo à frente, quase como se soubesse o que você precisa? Isso acontece porque as redes neurais artificiais, uma parte incrível da IA, conseguem aprender com os próprios erros. Esse processo, chamado de retropropagação (ou backpropagation), foi detalhado por Bergmann e Stryker (2024). No marketing digital, isso muda tudo. Imagine campanhas que se ajustam a cada clique, aprendendo com suas escolhas e oferecendo exatamente o que você procura — sem que você precise dizer. Aos poucos, a experiência deixa de ser genérica. É como se a tecnologia dissesse: "Entendi o que você gosta, deixa eu melhorar isso para você". E tudo isso muda a maneira como interagimos com as marcas.

2. Ferramentas de IA para texto e imagem

Modelos de IA como ChatGPT, Claude, Copilot e Gemini vêm se destacando por oferecer soluções cada vez mais completas, combinando texto, imagens e análise de dados.

Essas soluções impactam diretamente a forma como campanhas são planejadas e executadas, tornando o trabalho de marketing mais eficiente e simples no dia a dia.

Vamos explorar aqui os principais recursos dessas ferramentas e como você pode utilizá-las em seus projetos de marketing, seja criando campanhas, gerando conteúdo ou desenvolvendo uma estratégia mais eficiente.

ChatGPT (OpenAI)

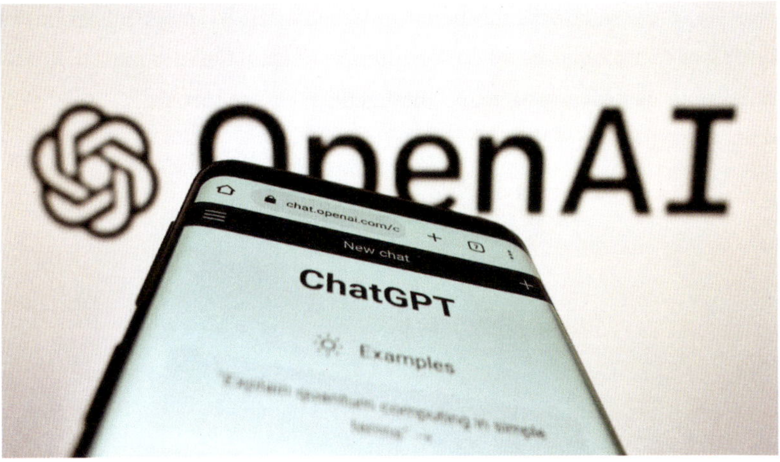

Figura 5.2 – ChatGPT: impulso à criação de conteúdo

Desenvolvido pela OpenAI, o ChatGPT é uma ferramenta versátil que pode ser usada para criar conteúdo para múltiplas aplicações. Ele facilita a criação de blogs, postagens em mídias sociais, campanhas de e-mail e até mesmo roteiros de vídeo. Seu maior diferencial é a integração do DALL·E, uma tecnologia que converte descrições escritas em imagens e aumenta o potencial criativo dos textos.

Imagine, por exemplo, que você está fazendo uma campanha para mídias sociais. Com o ChatGPT, você pode criar desde a mensagem principal, que é ajustada ao tom de voz ideal para seu público, até sugestões de componentes visuais que comunicam seu conceito. É aqui que o DALL·E entra: as sugestões são então convertidas em imagens que complementam o texto naturalmente. Essa integração facilita a combinação do poder da comunicação escrita com o impacto visual das marcas, trazendo um resultado mais interativo e memorável.

Claude (Anthropic)

Figura 5.3 – Claude: construção de narrativas que conectam

O Claude, da Anthropic, destaca-se ao lidar com textos complexos e análises detalhadas. Além da eficiência técnica, ele é construído em torno de uma forte dedicação ao rigor e à ética, cada vez mais essenciais em um mundo dominado por dados e tecnologia. Enquanto o ChatGPT tem aplicações generalistas, o Claude tem especificidades que envolvem narração e análise.

Isso faz dele um ótimo parceiro para campanhas que tentam forjar conexões reais. Para tocar o coração humano, ele estrutura narrativas capazes de realmente unir o público. Também é excelente em análise de feedback: converte comentários e opiniões massivamente acumulados em insights estratégicos.

Apesar de não criar imagens, o Claude tem um papel indispensável no processo criativo, oferecendo descrições ricas e ideias bem elaboradas, que ajudam a direcionar o trabalho de quem está criando visuais em outras ferramentas.

Copilot (Microsoft)

Figura 5.4 – Copilot: transformação de dados complexos em decisões estratégicas

A ferramenta de produtividade e automação integrada da Microsoft, o Copilot, utiliza recursos avançados de ilustração graças à sua conexão com o Microsoft Designer. Combinando texto e dados visuais, o Copilot se tornou uma solução prática para gerenciar informações, criar conteúdos e otimizar fluxos de trabalho.

O grande diferencial do Copilot está em seus recursos analíticos, capazes de transformar dados em relatórios, gráficos e apresentações. Isso é bastante útil na área de marketing, pois permite acompanhar o desempenho de campanhas, analisar tendências e apresentar resultados de forma objetiva.

Além disso, o Microsoft Designer, integrado ao Copilot, facilita a criação de imagens personalizadas com base em descrições específicas, tornando mais eficiente o processo de produção de materiais visuais. Desde banners e artes para redes sociais até elementos visuais para anúncios, essa funcionalidade agiliza o trabalho criativo sem comprometer a qualidade.

O Copilot é ideal, portanto, para equilibrar criatividade e produtividade, integrando texto, imagens e dados de maneira fluida.

Gemini (Google)

Figura 5.5 – Gemini: geração de textos, imagens e análise inteligente em uma única solução

Criado pelo Google, o Gemini está mudando a forma como estratégias de marketing e análises de dados são feitas. Para além da geração de conteúdo, a ferramenta examina dados, sugere ajustes e faz otimizações em tempo real.

Por exemplo, em uma campanha no Google Ads, o Gemini não só monitora o desempenho, mas faz ajustes automáticos nas estratégias. Ele também cria imagens personalizadas que seguem a identidade visual da marca, garantindo que a comunicação seja consistente.

O que faz o Gemini se destacar é a forma como ele se conecta a ferramentas como Google Ads e Google Analytics, analisando tendências, ajudando a tomar decisões mais assertivas e adaptando estratégias rapidamente com base em dados atualizados.

★ IMPORTANTE

A IA é uma importante ferramenta para nos auxiliar em diversas atividades. No entanto, é essencial reconhecer que ela está sujeita a limitações e, por vezes, pode apresentar informações imprecisas. Por essa razão, é recomendado que:

- as respostas sejam analisadas com cuidado. Utilize a IA como um ponto de partida, confirmando os dados antes de tomar decisões importantes;
- haja supervisão humana sempre que necessário. Especialmente em situações críticas, valide as informações com especialistas ou pessoas diretamente envolvidas.

Lembre-se: a tecnologia está em constante aperfeiçoamento. Apesar de avançada, a IA não substitui o julgamento humano.

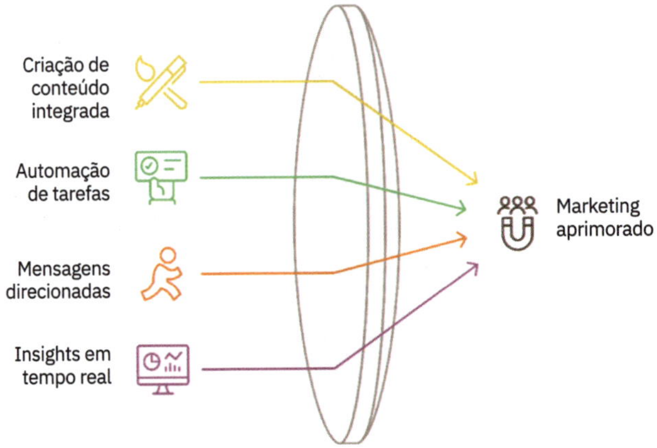

Figura 5.6 – Sinergia de ferramentas de IA em marketing

3. Prompts: o que são?

Com a evolução das ferramentas baseadas em IA, como o GPT-4 (para texto) e o DALL·E 3 (para imagem), saber criar prompts eficazes tornou-se uma habilidade essencial para quem quer explorar o marketing digital.

Prompts são instruções que você fornece à IA para orientar a criação de conteúdo, seja texto, imagem, áudio ou mesmo vídeo. Quanto mais específicos, contextuais e detalhados forem os prompts, melhores e mais precisos serão os resultados gerados.

No marketing, por exemplo, um bom prompt pode transformar uma ideia em algo que se conecta diretamente com o público.

Vejamos um exemplo de prompt para criar uma imagem:

> "Desenhe um café acolhedor em um dia de inverno, com luz natural suave entrando pelas janelas, plantas decorando o ambiente e um casal conversando. O estilo deve transmitir conforto e modernidade".

Um prompt bem descrito ajuda a IA a entender exatamente o que se espera e gerar um resultado visual que complementa a mensagem de forma estratégica, como podemos observar na figura 5.7.

Figura 5.7 – Imagem gerada pelo ChatGPT a partir do prompt anterior

★ **DICAS**

Algumas dicas para criar prompts eficazes:

- **Especificidade**: detalhe o que você deseja. Quanto mais informações fornecer, mais alinhado será o resultado. Por exemplo, em vez de pedir "crie um post para redes sociais", peça "crie um post para o Instagram promovendo uma coleção de verão, com foco em roupas de praia e acessórios, utilizando uma linguagem descontraída e vibrante".
- **Tom e estilo**: defina o tom (formal, amigável, inspirador) e o estilo (moderno, vintage, minimalista) que deseja para o conteúdo. Por exemplo: "O tom deve ser empático e inspirador, com uma abordagem acolhedora para o público jovem adulto".
- **Inclusão de parâmetros**: se necessário, inclua parâmetros como tamanho, formato ou restrições (número de palavras, tamanho da imagem). Por exemplo: "A imagem deve ter fundo claro e foco em um produto específico. A paleta de cores deve ser suave e agradável".

Após a geração do conteúdo, é imprescindível revisá-lo, pois a IA pode não acertar de imediato. Com base no feedback oferecido, é possível refinar e aprimorar os resultados, direcionando-a a gerar um conteúdo ainda mais fiel ao solicitado.

Se o texto gerado não estiver no tom desejado, por exemplo, você pode ajustar o prompt para deixar as instruções mais evidentes, como: "Altere o tom para algo mais formal e profissional".

Em alguns casos, podem ser necessárias diversas tentativas até produzir um conteúdo que realmente corresponda às suas expectativas.

Como criar prompts

Detalhamos nos quadros a seguir alguns exemplos de prompts para gerar textos, imagens e vídeos com IA.

Tipo de conteúdo	Exemplo de prompt	Objetivo do prompt
Post em redes sociais	"Crie um texto para post do Instagram promovendo uma nova linha de roupas de inverno. O tom deve ser moderno, acolhedor e sofisticado, com foco no conforto e na qualidade dos materiais. Inclua um *call to action* convidativo."	Criar um post promocional, destacando uma linha de produtos e encorajando a ação.
Descrição de produto	"Escreva uma descrição detalhada de um perfume feminino, destacando suas notas principais, o estilo de vida ao qual se destina e os benefícios de usá-lo. O tom deve ser elegante e envolvente."	Gerar uma descrição de produto com ênfase nas qualidades sensoriais e de marketing.
Artigo de blog	"Escreva um artigo de blog sobre as tendências do marketing digital, incluindo tópicos como automação, personalização e inteligência artificial. O tom deve ser profissional e informativo."	Criar um conteúdo longo, didático e informativo, com foco em tendências.
E-mail marketing	"Crie um e-mail marketing promovendo um desconto exclusivo de 20% para novos clientes. O tom deve ser amigável e direto, com um claro *call to action*."	Desenvolver um e-mail promocional com foco em conversão e ação imediata.

Quadro 5.1 – Prompts para geração de textos

Tipo de imagem	Exemplo de prompt	Objetivo do prompt
Imagem de produto	"Crie uma imagem de um par de tênis esportivos em fundo branco, com iluminação suave para destacar os detalhes do design. A paleta de cores deve ser vibrante, com detalhes em vermelho e preto."	Gerar uma imagem de produto com foco nos detalhes e cores para destacar a mercadoria.
Post de rede social	"Crie uma imagem para o Instagram de uma viagem tropical, com uma praia paradisíaca e uma vista de pôr do sol. A paleta de cores deve ser quente e acolhedora, com tons de laranja e amarelo."	Criar uma imagem para promover um destino de viagem, com um tom acolhedor e inspirador.
Banner publicitário	"Desenvolva um banner de 728 x 90 pixels para anunciar uma promoção de Black Friday em eletrônicos. A imagem deve incluir um notebook moderno, com destaque para o desconto e uma chamada para a ação."	Criar uma imagem publicitária com foco em atrair a atenção para uma promoção específica.
Ilustração de conteúdo	"Crie uma ilustração moderna e minimalista para acompanhar um post de blog sobre sustentabilidade. Inclua elementos como árvores, folhas e o símbolo de reciclagem em um estilo gráfico limpo."	Gerar uma ilustração com estilo gráfico específico para complementar conteúdo de blog.

Quadro 5.2 – Prompts para geração de imagens

Figura 5.8 – Imagem gerada pelo ChatGPT a partir do prompt para a criação de banner publicitário apresentado no quadro 5.2

Tipo de vídeo	Exemplo de prompt	Objetivo do prompt
Anúncio publicitário	"Crie um vídeo de 30 segundos para anunciar um novo smartwatch. O vídeo deve mostrar o produto em uso, com foco em suas funcionalidades inovadoras e design elegante. O tom deve ser dinâmico e moderno."	Gerar um vídeo publicitário curto com foco em destacar características de um produto.
Tutorial de produto	"Crie um vídeo tutorial de 1 minuto sobre como usar um aplicativo de edição de fotos. Mostre as etapas principais e dê dicas rápidas sobre como otimizar os resultados. O tom deve ser amigável e instrutivo."	Produzir um vídeo educativo que ensina como utilizar um produto ou serviço.
Vídeo promocional	"Crie um vídeo promocional de 15 segundos para uma oferta de desconto de 10% em todos os produtos. Mostre imagens rápidas dos produtos e inclua uma chamada de ação no final, com o texto 'Aproveite agora!'"	Gerar um vídeo promocional curto com foco em conversão e urgência.
Vídeo de engajamento em redes sociais	"Crie um vídeo de 30 segundos para o TikTok mostrando um desafio de dança divertido, com uma música animada e passos fáceis de seguir. O vídeo deve ser enérgico e viral."	Produzir um vídeo com objetivo de engajamento, utilizando tendências e desafios.

Quadro 5.3 – Prompts para geração de vídeos

4. IA no marketing com vídeos

O vídeo é, sem dúvida, um dos formatos mais poderosos no marketing digital atual. Ele tem o potencial de transmitir mensagens de forma envolvente e captar a atenção do público em poucos segundos.

Com a IA, produzir vídeos personalizados e de qualidade se tornou mais rápido, eficiente e, o melhor, acessível para diferentes perfis de criadores. Se antes essa produção exigia grandes investimentos de tempo e recursos, hoje diversas ferramentas com IA simplificam esse processo – muitas delas disponíveis gratuitamente ou com versões acessíveis.

Runway ML

Uma das ferramentas mais notáveis nesse contexto é o Runway ML, uma plataforma para a criação e edição de vídeos. Com uma série de recursos inovadores, ela tem se destacado entre profissionais de marketing e criadores de conteúdo.

- » **Edição rápida e automatizada:** em poucos cliques, é possível remover fundos de vídeos, ajustar cores e até substituir elementos visuais. Funções que antes demandavam habilidades avançadas de edição agora podem ser feitas de forma intuitiva.
- » **Geração de vídeos a partir de texto:** o Runway ML possibilita a criação de vídeos curtos e personalizados com base em descrições textuais ou prompts, oferecendo uma nova forma de produzir conteúdo para redes sociais e campanhas digitais.
- » **Efeitos visuais avançados:** a plataforma permite aplicar efeitos visuais e transições criativas e remover objetos indesejados, proporcionando um acabamento profissional e limpo nos vídeos.

Figura 5.9 – Captura de tela da página principal do Runway ML

Outras ferramentas de vídeo com IA

Confira outras opções de tecnologias que podem facilitar a criação de vídeos.

- Pictory: perfeito para transformar textos em vídeos. Basta inserir um artigo ou script, e a ferramenta gera automaticamente um vídeo com cenas, narração e música de fundo. É ideal para vídeos educativos, resumos de blogs ou conteúdos para o YouTube.
- Lumen5: focado em marketing digital, converte postagens de blog ou artigos em vídeos. Sugere imagens, vídeos e músicas com base no conteúdo fornecido, tornando mais fácil transformar textos em vídeos.
- CapCut: popular entre criadores de conteúdo, oferece recursos de edição automática, como legendas, cortes inteligentes e filtros ajustados ao estilo do vídeo. Sua versão gratuita é perfeita para quem precisa de vídeos curtos.
- Synthesia: cria vídeos com apresentadores virtuais, gerando avatares realistas que narram o conteúdo de maneira profissional e personalizada. É uma ótima opção para vídeos institucionais, tutoriais ou apresentações.
- Clipchamp: parte do ecossistema Microsoft, facilita cortes, personalização de vídeos e ajustes de ritmo – tudo de forma intuitiva. A versão gratuita é ideal para quem está começando a explorar a criação de vídeos.

Com essas ferramentas, qualquer pessoa, independentemente da experiência, pode produzir conteúdo de qualidade de forma rápida e prática.

5. Questões éticas no uso da IA

À medida que a IA é cada vez mais utilizada para criar conteúdos, analisar dados e personalizar campanhas, surgem desafios que precisam ser enfrentados com cautela e responsabilidade.

Esses desafios envolvem temas como direitos autorais, privacidade, segurança de dados e até vieses que podem influenciar os algoritmos. Ignorar essas questões pode prejudicar a confiança do público e afetar a reputação de empresas e profissionais.

Direitos autorais

A IA consegue gerar texto, imagem, vídeo e muito mais em um piscar de olhos, mas ainda não sabemos ao certo como regular seu uso para garantir que a origem dos dados seja rastreada e evitar que tudo vire uma forma de mercantilizar o trabalho.

Ao extrair grandes volumes de informações da internet, a IA pode acabar gerando conteúdo com trechos de obras protegidas por direitos autorais, originando sérios problemas legais, como processos e multas. Usar material protegido sem autorização, além de ser desrespeitoso, gera desconfiança sobre o uso ético da tecnologia.

★ DICAS

Para usar a IA de maneira segura e responsável, sem atropelar os direitos dos criadores originais, temos algumas dicas:

- **Entenda de onde vêm os dados**: antes de usar qualquer modelo de IA, verifique se ele foi treinado com dados públicos, licenciados ou de acesso livre.
- **Revise o conteúdo gerado**: sempre que a IA gerar algo para você, dê uma olhada e se certifique de que não há material protegido por direitos autorais.
- **Prefira modelos que respeitam as regras**: escolha tecnologias de IA que seguem as normas e usam fontes legais.

A criatividade e a IA devem ser parceiras, e não rivais. Quando empresas e criadores respeitam os direitos autorais, todo mundo sai ganhando.

Privacidade e segurança de dados

Outro aspecto importante é o respeito à privacidade do consumidor. As soluções de IA frequentemente requerem o uso de dados pessoais, como comportamento de navegação, histórico de compras e características individuais.

No entanto, é fundamental que esses dados sejam processados de maneira responsável, sempre respeitando os direitos e garantindo que as pessoas tenham sua identidade protegida, o que também ajuda a criar e manter a confiança na marca.

O uso indevido de dados pode criar problemas como violações regulatórias e perda de credibilidade.

★ DICAS

Para proteger a segurança e a privacidade dos dados:

- **Seja transparente e peça permissão**: o consumidor deve sempre saber exatamente quais dados estão sendo coletados e o motivo disso. Por exemplo, as plataformas de comércio eletrônico precisam comunicar expressamente aos clientes como seus dados serão utilizados para entregar ofertas personalizadas.
- **Proteja os dados**: implante medidas de segurança robustas, como criptografia e controles de acesso rigorosos, para garantir que as informações dos consumidores estejam seguras.
- **Esteja em conformidade com as regulamentações**: além de seguir a Lei Geral de Proteção de Dados Pessoais (LGPD), atente-se a outras regulamentações locais ou regionais.
- **Colete apenas o que for necessário**: quanto menos dados sensíveis você coletar, menor será o risco envolvido. Recolha apenas aquilo que realmente for essencial para as operações.

Vieses inconscientes

Quando falamos de IA, é importante lembrar que ela aprende com os dados que recebe. Como explica Holdsworth (2023), o problema do viés de IA — também chamado de viés de aprendizado de máquina ou algorítmico — aparece quando esses dados refletem preconceitos humanos já existentes ou quando o algoritmo é projetado de maneira que perpetue essas tendências.

Pense nos algoritmos como espelhos: se os dados usados para "ensinar" a IA estiverem enviesados, ela inevitavelmente irá refletir esses mesmos problemas. Isso pode levar a resultados distorcidos e, em alguns casos, até perigosos, como exclusão ou discriminação de determinados grupos, algo que afeta diretamente as campanhas de marketing.

Então, como podemos lidar com isso? Usar dados variados, revisar constantemente e ajustar quando necessário são algumas saídas.

Tudo isso também é uma oportunidade para repensarmos como o marketing pode ser mais humano, mesmo com tecnologia de ponta. Se utilizada de forma consciente e transparente, a IA tem potencial para transformar não só o marketing, mas o relacionamento entre marcas e pessoas.

Seguir boas práticas, respeitar as regulamentações e adotar uma abordagem ética é mais do que uma questão de responsabilidade, é uma maneira de conquistar a confiança do público e garantir resultados sustentáveis para as estratégias de marketing. Afinal, quem não quer resultados incríveis sem abrir mão de fazer o que é certo?

★ SUGESTÃO

A série *Black Mirror*, criada por Charlie Brooker, é uma excelente opção para quem deseja refletir sobre as implicações da tecnologia, especialmente da IA, na sociedade. Com episódios que exploram cenários hipotéticos e seus impactos éticos e sociais, a série oferece uma análise sobre as consequências do avanço tecnológico.

★ **IMPORTANTE**

Quando usada sem cuidado, a IA pode trazer alguns riscos. A deputada estadual Renata Souza, do Rio de Janeiro, trouxe à tona um exemplo preocupante de racismo algorítmico. Em uma ferramenta de IA, foi gerada a imagem de uma favela com uma figura negra segurando uma arma, um estereótipo que reforça preconceitos e estigmatiza comunidades já marginalizadas (CartaCapital, 2023). Situações como essa são um reflexo direto de vieses inconscientes que estão presentes nos sistemas de IA.

Os algoritmos são alimentados com grandes volumes de dados — dados esses que, muitas vezes, refletem desigualdades e preconceitos que já existem há muito tempo. Esses mesmos preconceitos podem ser replicados pela IA, perpetuando discriminação e distorcendo a realidade de grupos vulneráveis. Você consegue imaginar o impacto disso, principalmente no marketing digital, em que as consequências podem ser imensas?

Por isso, é essencial monitorar o que a IA está gerando, fazer auditorias regulares e garantir que os dados usados para treinar os algoritmos sejam realmente diversos e representativos. O que queremos é que a tecnologia seja uma aliada na construção de soluções inclusivas, e não uma ferramenta para reforçar desigualdades.

Arrematando as ideias

Para fechar o capítulo, que tal testar o que foi aprendido e transformar suas ideias em conteúdos estratégicos? Releia os quadros de prompts fornecidos no terceiro tópico para desenvolver textos, imagens e vídeos.

Algumas possibilidades:

» Escreva textos para redes sociais que engajem o público.

» Crie imagens que traduzam conceitos.

» Produza vídeos curtos e objetivos com foco em promoção ou engajamento.

Dicas:

» Explore diferentes estilos e ajustes para alcançar o melhor resultado.

» Garanta que o tom e o formato estejam alinhados ao público e ao objetivo do conteúdo.

Esse processo de reflexão não só refina o conteúdo criado, mas também desenvolve sua capacidade de identificar o que funciona melhor para cada situação. Após criar o conteúdo, reserve um tempo para analisar os resultados obtidos.

Em relação à eficácia do conteúdo:

» O material atende ao objetivo proposto?

» A mensagem está clara e bem direcionada?

» Há ajustes que podem melhorar ainda mais o resultado?

Em relação às questões éticas no uso da IA:

» O conteúdo respeita os direitos autorais e utiliza fontes legítimas?

» Há garantia de privacidade e segurança em relação aos dados utilizados?

» Existe algum viés no resultado que precisa ser corrigido?

Com essa atividade, você aprimora técnicas de comunicação e aprende a integrar tecnologia e criatividade.

6 Marketing de influência na era digital

Algumas pessoas nas redes sociais conseguem influenciar o que compramos ou as marcas que seguimos. Por essa razão, são chamadas de influenciadoras – termo já bem conhecido por todos nós.

Para se conectar com seu público, muitas marcas contratam o trabalho de influenciadores, que surgem como grandes mediadores no cenário digital. Mas você sabe o que faz uma campanha de marketing de influência ser eficiente e engajar de verdade?

A grande lição deste capítulo é mostrar que o marketing de influência não diz respeito à quantidade, mas à qualidade. Trata-se de criar mensagens que seduzam o público e agreguem valor real à marca. Vamos compreender quem são e onde estão os influenciadores, os critérios para sua escolha, além das estratégias de engajamento em uma campanha, que devem estar alinhadas com os objetivos da empresa.

1. Identificação e engajamento

Escolher o influenciador certo para sua campanha de marketing digital é um processo que requer análise detalhada e alinhamento estratégico. Embora o número de seguidores seja um aspecto visível e tentador, ele não é o único nem o mais importante critério para avaliar a eficácia de uma parceria. Na verdade, o sucesso de uma campanha depende de uma conexão autêntica entre os valores da marca e a personalidade do influenciador.

Um influenciador com milhões de seguidores pode oferecer alcance impressionante, mas se sua mensagem não parecer verdadeira ao público, os resultados podem ser superficiais. É aqui que entra o conceito de alinhamento: os influenciadores mais eficazes não são apenas aqueles que têm uma grande audiência, mas aqueles cuja audiência compartilha interesses, valores e necessidades em comum com a proposta de valor da sua marca. Em outras palavras, é preciso considerar não só o tamanho da audiência, mas sua relevância e a forma como ela interage com o influenciador.

Figura 6.1 – Conectando marcas aos influenciadores certos: identificação estratégica para um engajamento que gere resultados

A taxa de engajamento é um dos grandes indicadores nesse processo. Ela revela o nível de interação entre o influenciador e seus seguidores, mostrando a proporção de curtidas, comentários, compartilhamentos e outros sinais de envolvimento. Um influenciador com um público menor, mas altamente engajado, pode gerar mais impacto que um macroinfluenciador com uma audiência genérica e desconectada.

Por exemplo: um influenciador do segmento fitness, com seguidores apaixonados por bem-estar e vida saudável, pode ser a escolha ideal para uma marca de suplementos nutricionais ou equipamentos de treino. Nesse caso, além de confiar no influenciador, a audiência tem um interesse preexistente alinhado ao produto, o que aumenta a probabilidade de conversão.

Outro ponto essencial é a análise do conteúdo produzido pelo influenciador. Pergunte-se:

» Esse conteúdo reflete os valores que a marca deseja transmitir?
» A linguagem e o estilo de comunicação são compatíveis com o público-alvo da marca?

Essas perguntas ajudam a refinar a seleção e garantem que o influenciador seja mais do que um canal de divulgação, tornando-se um embaixador da marca.

Além disso, não se pode ignorar o contexto cultural e regional. No Brasil, por exemplo, influenciadores como Whindersson Nunes conseguem alcançar públicos amplos, mas mantêm uma autenticidade e um carisma que criam uma ligação com seus seguidores. Já influenciadores como Nath Finanças, especializada em educação financeira, falam com um nicho específico e produzem conteúdo altamente relevante, gerando confiança e resultados tangíveis para marcas que compartilham do mesmo propósito.

Assim, ao planejar uma campanha, vá além dos números. Analise o histórico do influenciador, entenda seu nicho, avalie a relevância do público e, acima de tudo, certifique-se de que ele é um parceiro que pode transmitir os valores da sua marca de maneira honesta.

Quem são os influenciadores?

É possível dividir os influenciadores em diferentes categorias, com base em seu alcance e no impacto que causam. Cada uma tem características distintas que podem ser vantajosas dependendo dos objetivos da campanha. Entender essas categorias pode ajudar a escolher o influenciador certo para a marca.

Figura 6.2 – Influenciadores: quem são e como impulsionam marcas no mundo digital?

Macroinfluenciadores

Geralmente, os macroinfluenciadores têm mais de 100 mil seguidores e são figuras amplamente conhecidas, com grande visibilidade. Esse tipo de influenciador é ideal para campanhas de larga escala, como lançamentos nacionais, promoções amplas ou eventos de muito destaque.

O maior benefício ao trabalhar com macroinfluenciadores é a possibilidade de atingir um público massivo em pouco tempo. O alcance é seu maior trunfo, mas também é importante lembrar que, em alguns casos, esse público pode ser mais genérico, reduzindo a conexão mais pessoal e engajada.

No Brasil, temos exemplos de macroinfluenciadores como Camila Coutinho, uma das pioneiras no segmento de moda e estilo de vida digital, que conquistou uma audiência enorme e fiel; e Felipe Neto, com uma base de seguidores diversificada que abrange vários interesses, de tecnologia a entretenimento. Ambos têm audiência nacional, o que os torna perfeitos para campanhas que buscam grande visibilidade.

Microinfluenciadores

Com um número de seguidores que vai de 10 mil a 100 mil, os microinfluenciadores têm alcance menor que os macroinfluenciadores, mas a vantagem de uma audiência altamente segmentada e engajada. Eles se conectam mais intimamente com seu público.

A confiança que os seguidores depositam neles é um fator decisivo, pois as recomendações de um microinfluenciador tendem a ser muito mais valorizadas. Esse tipo de influenciador é ótimo para campanhas que desejam atingir nichos de mercado específicos ou criar engajamento mais profundo com um público já segmentado.

Exemplos de microinfluenciadores no Brasil incluem Stefany Park, que compartilha inspirações que vão desde looks do dia a dia até dicas de design de interiores. Seu feed é uma mistura harmoniosa de moda, arte e decoração. Outro exemplo é Marina Santa Helena, focada em moda sustentável e práticas conscientes. Ela colabora com marcas como Avon e Hering, que promovem valores de inclusão e sustentabilidade, conectando-se ainda mais com um público já engajado nesses temas.

Nanoinfluenciadores

Embora com números de seguidores muito mais modestos, menos de 10 mil, os nanoinfluenciadores têm uma relação bastante pessoal com sua audiência. São ideais para campanhas hiperlocalizadas ou ações comunitárias, em que a proximidade e a confiança são essenciais.

Quando uma marca opta por trabalhar com um nanoinfluenciador, está escolhendo alguém que é um verdadeiro "amigo" de seu público, em quem os seguidores confiam profundamente. A força dos nanoinfluenciadores está na sua capacidade de gerar ações locais e promover marcas de maneira genuína.

Exemplos como a influenciadora Bruna Lira, que promove pequenos negócios e restaurantes em Recife, são perfeitos para campanhas que querem atingir públicos bem específicos e com muita fidelidade. Também há os influenciadores especializados em nichos particulares, como grupos de mães ou de comunidades periféricas, frequentemente escolhidos por supermercados ou pequenos negócios.

Os nanoinfluenciadores são valiosos para campanhas que visam impacto local ou nichado, criando um efeito boca a boca muitas vezes mais poderoso que o de macroinfluenciadores. Eles conseguem gerar ações mais diretas e resultados mais palpáveis em suas comunidades.

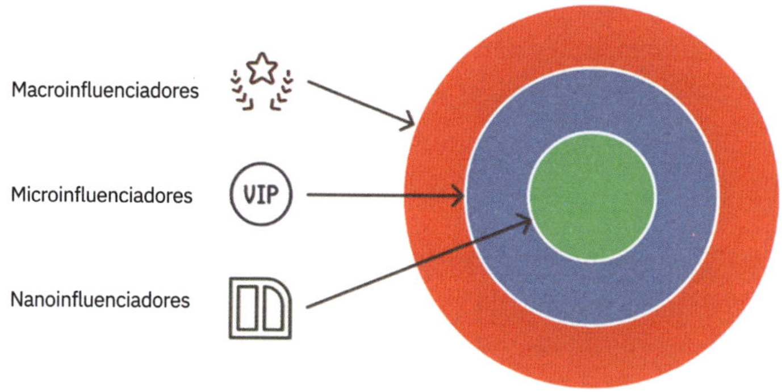

Figura 6.3 – Tipos de influenciador

Critérios para selecionar influenciadores

Selecionar os influenciadores mais adequados para uma campanha de marketing pode realmente fazer a diferença. Mas como identificar o parceiro ideal? Vamos explorar e detalhar alguns pontos que merecem atenção.

Relevância

O influenciador precisa estar alinhado com a essência da marca e com o perfil do público-alvo. Para que a campanha funcione bem, a audiência dele deve ser, em grande parte, formada por pessoas que se interessam pelo que a marca tem a oferecer.

Por exemplo, se uma marca como a Mãe Terra, que vende alimentos saudáveis, quiser fazer uma campanha, ela vai procurar influenciadores que já sejam conhecidos por falar sobre vida saudável, alimentação equilibrada e sustentabilidade. Esses influenciadores já têm um público que compartilha dos mesmos valores da marca.

Mas não basta só estar no nicho certo; é preciso também olhar para a qualidade da audiência. A marca deve verificar se os seguidores do influenciador realmente estão interessados e são engajados no tema. Assim, a campanha tem mais chances de gerar bons resultados.

Engajamento

De nada adianta ter milhões de seguidores se eles não interagem com o que o influenciador posta. Quando isso acontece, o retorno da campanha pode ser bem fraco.

Por outro lado, influenciadores com menos seguidores, mas com alta taxa de engajamento – que envolve curtidas, comentários, compartilhamentos e até mensagens diretas –, costumam trazer resultados muito mais eficazes.

Autenticidade

A confiança do público no influenciador está diretamente ligada ao sucesso da campanha. Se o público perceber que o influenciador está fazendo uma parceria com a marca só pelo dinheiro e não por acreditar de verdade no produto, isso pode acabar prejudicando tanto a campanha quanto a imagem da marca.

Influenciadores transparentes com os seguidores costumam causar um impacto muito melhor. Um exemplo é a campanha da Tramontina que contou com influenciadores da área de culinária para divulgar seus utensílios de cozinha. Esses criadores eram respeitados pela sua expertise, favorecendo a recepção positiva do público (Marcas pelo Mundo, 2022).

Histórico de parcerias

Saber com quem o influenciador já trabalhou pode indicar como ele se comporta nas campanhas. É fundamental observar se ele escolhe parcerias de forma estratégica ou se aceita qualquer proposta, mesmo quando não se alinha com seu público.

Um bom histórico de colaborações, com conteúdo de qualidade e relação verdadeira com as marcas, sugere uma parceria mais produtiva. Também é importante acompanhar a quantidade e a forma como ele faz postagens patrocinadas, para evitar que o excesso de promoções prejudique a confiança do público.

Seguidores reais

Além de observar o engajamento do influenciador, é essencial verificar a autenticidade da sua audiência. Isso significa certificar-se de que o público é real, e não formado por bots ou contas falsas.

Ferramentas de análise de redes sociais, como HypeAuditor ou Social Blade, podem ser úteis para verificar a qualidade do público do influenciador. Uma audiência verdadeira, com seguidores reais e engajados, pode proporcionar uma taxa de conversão muito mais alta do que uma audiência inflada artificialmente.

A verificação da autenticidade do público também ajuda a minimizar riscos, como o de uma campanha ser percebida como fraudulenta ou desonesta.

Compatibilidade de valores

Outro critério importante é a compatibilidade de valores entre a marca e o influenciador. Por exemplo, se uma marca promove sustentabilidade e práticas ecológicas, será mais eficaz trabalhar com influenciadores que seguem essas crenças e práticas em sua vida cotidiana. Isso aumenta a credibilidade da campanha e ajuda a construir uma relação duradoura com os consumidores.

Influenciadores que têm um alinhamento de valores com a marca tendem a criar conteúdo mais natural e persuasivo.

Alcance geográfico e demográfico

Por fim, é importante considerar o alcance geográfico e demográfico do influenciador. Se a marca deseja atingir um público específico de determinada região ou faixa etária, deve procurar influenciadores que tenham uma audiência alinhada com esse perfil.

★ PARA SABER MAIS

Um estudo da *Exame* (2024) revelou que 80% dos consumidores confiam mais nas recomendações de influenciadores do que nos anúncios tradicionais de marcas. Esse número ressalta o fato de que os consumidores estão cada vez mais inclinados às opiniões de pessoas em quem confiam, e não às mensagens genéricas e impessoais das marcas.

As melhores redes sociais

Além de saber escolher o influenciador, é preciso entender qual é a rede social mais adequada ao propósito da campanha. Cada plataforma tem características únicas que se revelam menos ou mais compatíveis para cada tipo de conteúdo. Vamos explorar algumas das redes mais relevantes para campanhas com influenciadores.

Instagram: o palco principal para influenciadores

O Instagram é, sem dúvida, a rede mais popular para influenciadores digitais. Com forte apelo visual, a plataforma é ideal para campanhas que envolvem fotos, vídeos curtos e interações diretas com o público.

- » Stories e reels: perfeitos para conteúdos rápidos e que criam proximidade.
- » Engajamento direto: curtidas, comentários e mensagens fortalecem a conexão com o público.
- » Setores mais populares: moda, beleza, fitness, gastronomia e estilo de vida.
- » Ferramentas úteis: links nos stories e parcerias patrocinadas ajudam a impulsionar conversões.

TikTok: a nova estrela da influência digital

O TikTok é a escolha ideal para campanhas criativas e dinâmicas. A plataforma tem sido destaque por sua capacidade de viralizar conteúdos em poucas horas.

- » Formato autêntico: influenciadores são incentivados a ser espontâneos, o que gera confiança.
- » Comunicação com a geração Z: público jovem e engajado.
- » Desafios e trends: campanhas baseadas em trends têm alto potencial de engajamento.
- » Setores mais populares: entretenimento, moda, beleza e tecnologia.

YouTube: conteúdos mais profundos

Para influenciadores que criam conteúdos detalhados, o YouTube é a plataforma mais indicada. Tutoriais, reviews e histórias mais longas são comuns e têm grande impacto.

- » Engajamento duradouro: seguidores acompanham conteúdos regularmente, gerando fidelidade.
- » Flexibilidade de formatos: vlogs, unboxings e reviews são formatos populares.
- » Setores mais populares: tecnologia, educação, beleza e games.
- » Monetização: links afiliados e anúncios integrados ajudam a medir resultados.

X (antigo Twitter): influência em tempo real

O X funciona bem para influenciadores que se destacam em temas específicos ou no engajamento com tendências.

- Interatividade: respostas rápidas e conversas diretas com o público.
- Tendências e eventos: campanhas baseadas em acontecimentos do momento.
- Setores mais populares: tecnologia, esportes, entretenimento e política.

LinkedIn: o mercado corporativo

Ainda que não seja uma rede social tradicional para influenciadores, o LinkedIn é valioso para campanhas voltadas ao público profissional.

- Especialistas e líderes de opinião: campanhas que buscam credibilidade e posicionamento estratégico.
- Setores mais populares: educação, tecnologia e negócios.
- Formatos ideais: artigos e posts com insights.

Facebook: influência em grupos e comunidades

Embora tenha perdido parte de sua relevância entre o público jovem, o Facebook ainda é útil para campanhas focadas em nichos específicos, como comunidades ou grupos de interesse.

- Grupos temáticos: influenciadores podem criar ou interagir em comunidades específicas.
- Conteúdo segmentado: permite alcançar públicos diversificados e nichados.
- Setores mais populares: educação, saúde e bem-estar e estilo de vida.

★ **IMPORTANTE**

A escolha da plataforma depende de três fatores principais:

- **Quem é o público?** Se o foco é a geração Z, o TikTok é uma boa escolha. Para adultos com interesses específicos, o YouTube e o Instagram podem ser mais eficazes.
- **Qual é o objetivo da campanha?** Para conversões rápidas, o Instagram e o YouTube são ótimos. Para tendências ou debates, destacam-se o X e o TikTok.
- **Que tipo de conteúdo o influenciador produz?** Influenciadores de beleza e moda têm maior força no Instagram e no YouTube, enquanto criadores de tecnologia e negócios, por exemplo, brilham no LinkedIn.

2. Estratégias de engajamento: alcance e relevância

Agora é hora de planejar e executar estratégias de engajamento que aproveitem ao máximo as capacidades dos influenciadores escolhidos.

Definindo objetivos

Ter metas definidas é o primeiro passo para uma campanha de marketing de influência de sucesso. Sem isso, é difícil avaliar o que está dando certo e justificar o dinheiro investido.

Cada objetivo demanda uma abordagem diferente na escolha dos influenciadores, no tipo de conteúdo e nas formas de medir os resultados. Defini-los nos ajuda a criar estratégias, ajustar o que for preciso e medir o impacto da campanha com mais precisão.

Vejamos, a seguir, alguns desses objetivos comuns e dicas para alcançá-los.

Aumentar a conscientização da marca

Se você quer que mais pessoas conheçam sua marca de uma vez só, se está lançando algo novo ou entrando em um mercado diferente, por exemplo, apostar em influenciadores com grande alcance é uma ótima pedida. Mas lembre-se: a audiência deles precisa ter ligação com seu público-alvo.

Gerar vendas

Quer transformar visualizações em compras? Então escolha influenciadores que já têm um histórico de boas vendas. O público confia tanto em suas indicações que acaba comprando o que eles recomendam. Uma dica é dar códigos de desconto ou links de afiliados para monitorar as vendas. E se o influenciador fizer conteúdos do tipo "como usar" ou "resenha de produto", melhor ainda, porque isso ajuda a convencer o público a comprar.

Fortalecer a lealdade

Para ter clientes fiéis, considere parcerias de longo prazo com influenciadores. Eles podem virar defensores da sua marca, criando um relacionamento contínuo com os seguidores. Isso é importante para marcas que querem aumentar a lealdade dos consumidores e formar uma comunidade em torno dos seus produtos.

Aumentar o engajamento do público

Se a ideia é engajar e aumentar as interações, escolha influenciadores com uma comunidade ativa. Campanhas como concursos e desafios, dos quais os seguidores queiram mesmo participar, são um ótimo caminho. O influenciador também precisa incentivar os seguidores a comentar, compartilhar e interagir com o conteúdo, criando um diálogo que dá mais presença para a marca nas redes sociais.

Criar uma imagem positiva da marca

Um objetivo de longo prazo pode ser construir ou fortalecer a imagem da sua marca. Para marcas ligadas a causas sociais, ambientais ou de sustentabilidade, por exemplo, escolha influenciadores que tenham esses mesmos valores e um histórico de promover boas práticas. Eles vão ajudar a associar sua marca a ideias que o público valoriza, criando uma conexão emocional.

Tipos de colaboração com influenciadores

Conheça aqui algumas das diferentes formas de divulgar marcas e conteúdos.

Posts patrocinados

O influenciador cria conteúdo em suas redes sociais mencionando explicitamente a marca. Esse formato é popular porque é fácil de medir o alcance e o impacto.

» Exemplo: o Café 3 Corações contrata microinfluenciadores para narrar histórias que conectam seus produtos ao cotidiano do público (Portal Nosso Meio, 2024).

Takeovers de redes sociais

Aqui, o influenciador assume o perfil da marca por um dia, construindo conteúdo exclusivo para a audiência da empresa.

» Exemplo: a Havaianas já realizou takeovers com influenciadores como Juliette, do BBB 21, oferecendo uma visão autêntica e descontraída de seus produtos (Valenti, 2021).

Eventos exclusivos

O influenciador é chamado para lançamentos e experiências diversas, criando momentos compartilháveis.

» Exemplo: a Cacau Show organiza eventos temáticos, como ações especiais no Dia dos Namorados, convidando influenciadores para promover seus produtos de forma criativa (Tostes; Miguel, 2024).

Cocriação de conteúdo

Desenvolver produtos ou serviços em parceria com influenciadores pode gerar mais engajamento.

» **Exemplo:** a Arezzo lançou coleções exclusivas em colaboração com influenciadoras de moda. A parceria com a influenciadora Lívia resultou em uma coleção de verão assinada pela it girl. Além de gerar engajamento significativo, essa cocriação ajudou a marca a se conectar com seu público (Revista Stile, 2024).

★ VOCÊ SABIA?

O Pão de Açúcar tem adotado estratégias inovadoras de marketing de influência para promover seus produtos e fortalecer laços com as comunidades locais. Uma dessas iniciativas foi a colaboração com nanoinfluenciadores. Eles assumiram a conta oficial do Instagram da marca para compartilhar histórias pessoais sobre como encontraram felicidade em momentos cotidianos, mesmo durante a pandemia de covid-19, alinhando-se à campanha "Felicidade pode ser tanta coisa" (Brandão, 2020).

Segundo o Paranashop (Link, 2021), o Pão de Açúcar também tem investido em parcerias para promover eventos especiais. Durante o aniversário de 62 anos da marca, a influenciadora e ex-BBB Thelminha Assis participou de uma campanha que destacava ofertas e dinâmicas comerciais, ampliando o alcance da celebração.

Medindo os resultados das ações com influenciadores

Quando queremos avaliar o sucesso de uma campanha de marketing com influenciadores, é importante entender como as ações realizadas estão impactando o público. Algumas métricas-chave ajudam a desvendar esses dados, revelando como as pessoas estão reagindo ao conteúdo produzido pelos influenciadores e como isso se alinha com os objetivos da marca.

Vamos conhecer, a seguir, as principais métricas usadas para medir esses resultados.

- » Taxa de engajamento: mostra o nível de interação do público com o conteúdo por meio de curtidas, comentários, compartilhamentos e visualizações. Uma alta taxa de engajamento indica que o conteúdo não só chegou até as pessoas, mas as envolveu ativamente. Esse tipo de engajamento é fundamental para gerar discussão sobre a marca, aumentar a visibilidade e reforçar uma imagem positiva.
- » Alcance e impressões: essas métricas ajudam a entender quantas pessoas foram expostas ao conteúdo dos influenciadores. O alcance refere-se ao número de pessoas únicas que viram o conteúdo, enquanto as impressões mostram quantas vezes ele foi exibido – mesmo que a mesma pessoa o veja várias vezes. Juntas, elas dão uma visão clara de quão longe a campanha chegou.
- » Conversões: são basicamente ações que mostram o sucesso da campanha, como compras, cadastros em newsletters, downloads de apps, adesão a programas de fidelidade, entre outras metas que a marca deseja alcançar. Para acompanhar essas conversões, muitas empresas recorrem a estratégias como links personalizados, códigos promocionais ou landing pages exclusivas criadas para a campanha do influenciador. Com essas ferramentas, é possível saber exatamente quantos seguidores realizaram uma ação após interagir com o conteúdo do influenciador.
- » ROI (retorno sobre o investimento): é a métrica mais importante para avaliar se uma campanha de marketing de influência foi financeiramente eficaz. Ele compara o valor obtido com a campanha (como o aumento nas vendas ou reconhecimento de marca) com o custo total dela. Para calcular o ROI, é importante incluir os custos associados à remuneração do influenciador, os custos com a criação de conteúdo, a publicidade paga e outras despesas relacionadas. O ROI pode ser medido tanto em termos financeiros quanto em termos de impacto na marca.
- » Sentimento e percepção de marca: como vimos no início do livro, existem ferramentas de monitoramento de redes sociais que analisam menções à marca e o sentimento (positivo, negativo ou

neutro) associado a essas menções. Análises qualitativas, como a interpretação dos comentários nas postagens dos influenciadores, também são boas para entender como o público está percebendo a marca. O feedback dos seguidores pode revelar insights sobre como a mensagem da marca foi recebida e a percepção do público em relação aos produtos ou serviços promovidos.

» **Crescimento de seguidores:** uma consequência direta das campanhas com influenciadores digitais pode ser o aumento no número de seguidores nas redes sociais da marca. Quando um influenciador promove uma marca, isso pode atrair novos seguidores interessados no conteúdo ou nos produtos oferecidos. Acompanhar o crescimento dos seguidores durante e após a campanha ajuda a avaliar se o influenciador conseguiu gerar interesse e captar de fato uma nova audiência para a marca.

» **Engajamento com conteúdo patrocinado:** quando um influenciador compartilha conteúdo patrocinado, é importante medir não apenas a interação imediata, mas também a continuidade do engajamento ao longo do tempo. Isso inclui verificar se o conteúdo continua sendo comentado, compartilhado e visualizado mesmo após a postagem original, um fenômeno que pode ocorrer especialmente se o conteúdo for envolvente ou se o influenciador tiver uma relação forte com sua audiência.

Em resumo, medir os resultados de campanhas com influenciadores digitais exige um conjunto de métricas quantitativas e qualitativas que ofereçam uma visão completa do impacto da campanha. Ao monitorar essas métricas de perto, é possível garantir que as campanhas sejam mais eficazes e alinhadas com os objetivos comerciais da marca.

★ SUGESTÃO

A série *Fake famous*, dirigida por Nick Bilton, é uma ótima escolha para quem quer entender como funciona a criação de influenciadores digitais e as dinâmicas do mercado de seguidores falsos. A série mostra os bastidores de uma experiência social em que pessoas comuns tentam se tornar influenciadoras.

☛ Arrematando as ideias

Com o crescimento das redes sociais, as marcas perceberam que não é mais possível apoiar-se somente em anúncios tradicionais. A chave é construir relações. É aí que os influenciadores entram em cena.

Além do tamanho da audiência, para escolher o influenciador ideal, é importante avaliar aspectos como a qualidade do conteúdo produzido, a coerência entre os valores do influenciador e da marca e o comportamento da audiência.

Em um mundo digital onde somos bombardeados por informações o tempo inteiro, as campanhas que realmente se destacam são aquelas que priorizam a verdade e a conexão humana. Mais que vender um produto, elas sabem contar uma história e engajar as pessoas.

7 Mensuração de resultados em marketing digital

Você sabia que postagens relacionadas a emoções positivas geram até 30% mais compartilhamentos em redes sociais? Isso reflete o impacto da psicologia do consumidor no marketing digital, conectando emoções humanas às decisões de compra (Kiso, 2024).

Após implantar uma campanha de marketing digital, como medir esse impacto e saber se ela está funcionando de verdade?

Como qualquer outra estratégia de negócios, o marketing digital só pode ser considerado bem-sucedido se for constantemente monitorado e ajustado. Para isso temos a mensuração de resultados.

Neste último capítulo, vamos explorar as principais métricas e indicadores utilizados para medir os resultados de campanhas e, a partir deles, realizar melhorias.

1. Métricas e indicadores de desempenho

No marketing digital, acompanhar os resultados das ações exige uma boa análise de dados. É comum que as pessoas confundam métricas com indicadores de desempenho (KPIs), mesmo que cada um tenha um papel diferente na hora de avaliar e planejar estratégias. Vamos entender essas diferenças.

Métricas

As métricas são dados brutos, objetivos e específicos que retratam um aspecto isolado de uma atividade ou processo. Esses números vêm diretamente de ferramentas e plataformas, como o total de visitantes de um site, visualizações de páginas, downloads de um e-book ou cliques em um link.

No entanto, quando analisadas de forma isolada, as métricas não trazem uma visão estratégica sobre o desempenho. Elas servem como base para análises, mas precisam ser interpretadas no contexto certo.

Figura 7.1 – Métricas são dados que ajudam a entender os resultados das ações

Indicadores de desempenho (KPIs)

Os indicadores de desempenho ou KPIs vão além das métricas. Eles são formados pela combinação de duas ou mais métricas que, juntas, refletem o progresso dos objetivos estratégicos da empresa.

Figura 7.2 – Indicadores são informações que ajudam a avaliar os resultados das ações

A taxa de conversão, por exemplo, é calculada a partir do número de visitantes que realizaram uma ação desejada, como preencher um formulário ou efetuar uma compra, dividido pelo número total de visitantes.

Os KPIs indicam se a empresa está no caminho certo para alcançar suas metas, ajudando a tomar decisões mais assertivas.

★ IMPORTANTE

As principais diferenças entre métricas e KPIs são:

- **Natureza**: métricas são dados quantitativos isolados; KPIs são combinações estratégicas de métricas.
- **Propósito**: métricas monitoram atividades específicas; KPIs avaliam o desempenho em relação aos objetivos.

Por exemplo: métricas incluem o número de visitantes e o número de cliques; KPIs incluem a taxa de conversão ou o custo por aquisição (CPA).

Embora métricas sejam importantes para entender detalhes das campanhas, os KPIs traduzem esses dados em informações acionáveis. Saber a diferença entre eles é essencial para avaliar os resultados das estratégias e direcionar os esforços para o que realmente importa.

2. Categorias de monitoramento

O monitoramento das ações de marketing digital pode ser dividido em quatro categorias: monitoramento de tráfego, monitoramento de engajamento, monitoramento de conversão e monitoramento financeiro. Cada uma dessas categorias tem um papel específico, e é importante escolher as métricas e indicadores de desempenho que melhor se alinham com os objetivos de negócio da empresa.

Monitoramento de tráfego

As métricas de monitoramento de tráfego medem a quantidade e a qualidade do tráfego que um site ou página de destino recebe. São fundamentais para entender como as pessoas estão chegando ao seu site e quais fontes de tráfego são mais eficazes.

Número de visitantes

Essa métrica indica o volume total de visitantes que chegam ao site. Ela pode ser segmentada de acordo com diferentes fontes de tráfego, como tráfego orgânico, pago, social, direto, entre outros.

Embora o número de visitantes por si só não forneça insights suficientes sobre a eficácia da campanha, ele serve como um bom ponto de partida para medir o sucesso de iniciativas de atração de tráfego.

» Exemplo de cálculo: se você está realizando uma campanha de anúncios no Google Ads e obteve 10.000 impressões, gerando 500 visitas ao seu site, essa métrica de tráfego pode ser comparada com o tráfego orgânico que o site recebe. Se o tráfego orgânico para o mesmo período foi de 3.000 visitas, você pode analisar a eficácia da campanha paga comparando essas fontes de tráfego.

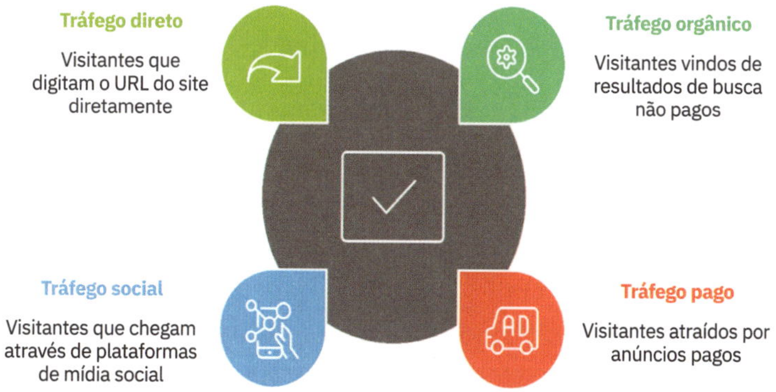

Figura 7.3 – Fontes de tráfego

Impressões

As impressões indicam quantas vezes um anúncio ou página foi exibido. Essa métrica ajuda a entender a visibilidade de um anúncio e o alcance da sua campanha.

Ainda que as impressões não forneçam informações diretas sobre o sucesso de um anúncio, elas são importantes quando comparadas com outras métricas, como cliques e conversões.

» Exemplo de cálculo: se um anúncio foi exibido 100.000 vezes e obteve 1.000 cliques, a taxa de cliques (CTR) pode ser calculada, o que dará uma ideia de como o anúncio está performando em relação ao seu alcance.

Alcance

O alcance é uma métrica usada para avaliar quantas pessoas únicas visualizaram um conteúdo ou anúncio ao longo de uma campanha. Ele ajuda a medir a exposição e o impacto de uma ação de marketing, sendo um indicador-chave para entender o público atingido.

O alcance é essencial para medir a eficácia de estratégias que visam ampliar a visibilidade de uma marca, produto ou serviço, permitindo entender o número de pessoas atingidas e o impacto da campanha.

É particularmente relevante para campanhas de conscientização de marca (brand awareness), pois indica a amplitude do público impactado.

Diferentemente das impressões, que contam todas as exibições, incluindo múltiplas vezes para a mesma pessoa, o alcance foca exclusivamente usuários únicos, fornecendo uma visão mais precisa do público.

Fórmula:

Alcance = Total de usuários únicos expostos ao conteúdo

» Exemplo de cálculo: se você está promovendo um vídeo no Instagram e ele foi exibido 1.500 vezes, mas apenas para 1.000 pessoas únicas, o alcance será 1.000. Isso significa que, embora o vídeo tenha gerado muitas visualizações, ele impactou efetivamente 1.000 indivíduos. Essa métrica ajuda a identificar se sua campanha está atingindo novos públicos ou apenas reforçando mensagens para um público já existente.

★ DICAS

Algumas estratégias para aumentar o alcance:

- **Segmentação de audiência**: use ferramentas de segmentação para direcionar anúncios a públicos específicos.
- **Otimização de conteúdo**: crie conteúdos relevantes que incentivem compartilhamentos, ampliando o alcance de forma orgânica.
- **Colaboração com influenciadores**: faça parcerias com influenciadores para alcançar públicos que ainda não conhecem sua marca.

Monitoramento de engajamento

O monitoramento de engajamento mede como os visitantes interagem com o conteúdo. Isso inclui ações como clicar, comentar, compartilhar, assistir a vídeos e passar tempo em uma página.

Taxa de cliques (CTR)

A taxa de cliques (CTR) é um dos indicadores de desempenho mais importantes para avaliar a eficácia de anúncios pagos, e-mails e outros tipos de conteúdo que solicitam uma ação direta. Ela mede a proporção de pessoas que clicaram em um link ou anúncio em relação ao número de vezes que ele foi exibido.

Figura 7.4 – A taxa de cliques indica a eficácia de um anúncio em atrair a atenção do público

Fórmula:

$$CTR = \left(\frac{\text{Número de cliques}}{\text{Número de impressões}}\right) \times 100$$

» **Exemplo de cálculo:** se um anúncio foi exibido 20.000 vezes e obteve 500 cliques, a CTR será:

$$CTR = \left(\frac{500}{20.000}\right) \times 100 = 2{,}5\%$$

Uma CTR de 2,5% pode ser considerada positiva dependendo do setor e do objetivo da campanha. Para avaliar a eficácia, é importante comparar esse número com a CTR média de outras campanhas ou com benchmarks do setor.

Custo por clique (CPC)

O custo por clique ou CPC é um indicador de desempenho utilizado para avaliar o custo médio de cada clique em anúncios digitais. Ele é amplamente empregado em campanhas de busca paga (Google Ads) e redes sociais (Facebook Ads, LinkedIn Ads).

O CPC é essencial para entender o custo de direcionar tráfego qualificado ao seu site ou landing page. Uma campanha com CPC baixo indica que você está conseguindo atrair cliques por um custo acessível, enquanto com CPC alto pode sinalizar a necessidade de ajustes na segmentação, no criativo do anúncio ou na estratégia de lances.

Fórmula:

$$CPC = \frac{\text{Custo total da campanha}}{\text{Número total de cliques}}$$

» **Exemplo de cálculo:** imagine que sua empresa investiu R$ 1.000,00 em uma campanha no Google Ads e obteve 400 cliques nos anúncios. O CPC será:

$$CPC = \frac{R\$\ 1.000{,}00}{400} = R\$\ 2{,}50$$

Isso significa que cada clique custou, em média, R$ 2,50.

★ DICAS

Algumas estratégias para reduzir o CPC:

- **Otimização de palavras-chave**: remova palavras-chave com baixo desempenho e invista naquelas que geram cliques de qualidade.
- **Melhoria do índice de qualidade**: utilize anúncios com alta relevância e landing pages otimizadas, pois tendem a ter custos mais baixos.
- **Teste de criativos**: teste diferentes versões de anúncios para identificar quais geram maior engajamento por um custo menor.

Figura 7.5 – Como reduzir o CPC em campanhas de anúncios digitais?

Custo por mil impressões (CPM)

O custo por mil impressões (CPM) é um indicador de desempenho utilizado para medir o custo de exibir um anúncio mil vezes. Essa métrica é amplamente empregada em campanhas focadas em visibilidade e conscientização, como anúncios em vídeo ou display.

O CPM é particularmente relevante para campanhas de branding, nas quais o objetivo é maximizar a visibilidade da marca. Ele permite comparar o custo de alcançar audiências em diferentes plataformas, ajudando a alocar o orçamento de forma mais eficiente.

Fórmula:

$$CPM = \frac{\text{Custo total da campanha}}{\text{Impressões totais}} \times 1.000$$

» Exemplo de cálculo: se você investiu R$ 3.000,00 em uma campanha que gerou 600.000 impressões, o CPM será:

$$CPM = \frac{\text{R\$ 3.000,00}}{600.000} \times 1.000 = \text{R\$ 5,00}$$

Isso significa que foram gastos R$ 5,00 para cada mil exibições do anúncio.

★ **DICAS**

Algumas estratégias para reduzir o CPM:

- **Otimização de públicos**: direcione anúncios para segmentos mais específicos para evitar desperdício de impressões.
- **Plataformas de alto impacto**: use plataformas que ofereçam CPMs mais competitivos para públicos segmentados.
- **Investimento em criatividade**: explore anúncios criativos para gerar maior impacto por impressão, melhorando o retorno.

Taxa de engajamento

A taxa de engajamento mede o nível de interação do público com as postagens nas redes sociais, como curtidas, comentários, compartilhamentos e outras ações. Ela é fundamental para entender o impacto do conteúdo no público.

Fórmula:

$$\text{Taxa de engajamento} = \left(\frac{\text{Interações totais}}{\text{Número de seguidores ou impressões}}\right) \times 100$$

- Exemplo de cálculo: se uma postagem no Instagram obteve 200 interações (curtidas, comentários, compartilhamentos) e o perfil tem 2.000 seguidores, a taxa de engajamento será:

$$\text{Taxa de engajamento} = \left(\frac{500}{5.000}\right) \times 100 = 10\%$$

Uma taxa de engajamento de 10% é uma boa marca para conteúdo social; indica que o público está interagindo ativamente com a postagem.

Figura 7.6 – A taxa de engajamento mostra o quanto o público interage com o conteúdo publicado

Monitoramento de conversão

O monitoramento de conversão mede o sucesso em transformar visitantes ou interações em ações específicas, como compras, inscrições em uma lista de e-mail ou downloads de e-books. Essas métricas avaliam a eficácia de estratégias do funil de vendas.

Taxa de conversão

Como discutido anteriormente, a taxa de conversão mede a proporção de visitantes que completam uma ação desejada, como realizar uma compra ou preencher um formulário de contato. É uma das métricas mais diretamente relacionadas ao sucesso das campanhas.

Fórmula:

$$\text{Taxa de conversão} = \left(\frac{\text{Número de conversões}}{\text{Número de visitantes}}\right) \times 100$$

» **Exemplo de cálculo:** se uma página de vendas teve 1.000 visitantes e 50 realizaram uma compra, a taxa de conversão será:

$$\text{Taxa de conversão} = \left(\frac{50}{1.000}\right) \times 100 = 5\%$$

Uma taxa de conversão de 5% pode ser excelente dependendo do tipo de produto ou serviço, mas é sempre importante comparar com benchmarks do mercado ou com taxas de conversão anteriores para medir a eficácia de otimizações feitas no site.

Taxa de rejeição

A taxa de rejeição é uma métrica que mede a porcentagem de interações ou visitas que não resultam em engajamento adicional ou ações desejadas. Amplamente conhecida no contexto de sites, ela também pode ser aplicada a muitos outros cenários, incluindo vendas em ambientes digitais e físicos.

Uma alta taxa de rejeição pode indicar problemas de experiência do cliente, de alinhamento entre expectativa e oferta ou mesmo de barreiras operacionais. Avaliar a rejeição em vendas ajuda a identificar pontos onde o cliente perde interesse, permitindo ajustes que otimizem os processos de atendimento e aumentem as conversões.

Fórmula:

$$\text{Taxa de rejeição} = \left(\frac{\text{Interações de rejeição}}{\text{Total de interações}}\right) \times 100$$

Vamos ver, a seguir, alguns exemplos em diferentes contextos.

SITES

Se um site de e-commerce teve 5.000 sessões no mês, sendo 2.000 de visitantes que saíram sem adicionar nenhum produto ao carrinho, a taxa de rejeição será:

$$\text{Taxa de rejeição} = \left(\frac{2.000}{5.000}\right) \times 100 = 40\%$$

Isso sugere que 40% dos visitantes não encontraram produtos atrativos ou enfrentaram dificuldades na navegação.

APLICATIVOS DE COMPRAS

Se um aplicativo de varejo foi aberto por 1.000 usuários, mas 300 saíram antes de explorar qualquer produto, a taxa de rejeição será:

$$\text{Taxa de rejeição} = \left(\frac{300}{1.000}\right) \times 100 = 30\%$$

Esse comportamento pode indicar problemas na experiência inicial ou na relevância dos itens mostrados.

LOJAS FÍSICAS

Se uma loja recebeu 500 clientes em um dia, mas 200 saíram sem interagir com os vendedores ou explorar os produtos, a taxa de rejeição será:

$$\text{Taxa de rejeição} = \left(\frac{200}{500}\right) \times 100 = 40\%$$

Nesse caso, a alta rejeição pode ser resultado de um layout confuso, da falta de atendimento adequado ou de problemas de sinalização.

VENDAS ON-LINE

Em um site de vendas, se 1.000 usuários adicionaram produtos ao carrinho, mas 400 o abandonaram antes de concluir a compra, a taxa de rejeição específica para essa etapa será:

$$\text{Taxa de abandono de carrinho} = \left(\frac{400}{1.000}\right) \times 100 = 40\%$$

Esse abandono pode ocorrer por preços altos, custos de frete inesperados ou falta de opções de pagamento.

PROSPECÇÃO DE VENDAS (B2B)

Se 100 potenciais clientes foram abordados por e-mail ou telefone, mas 60 não responderam ou rejeitaram o contato inicial, a taxa de rejeição será:

$$\text{Taxa de rejeição} = \left(\frac{60}{100}\right) \times 100 = 60\%$$

Isso pode indicar que a abordagem inicial não está alinhada às necessidades do público.

★ DICAS

Algumas estratégias para reduzir a taxa de rejeição em vendas:

Em e-commerce e sites

- **Descrição clara de produtos:** dê informações detalhadas e utilize imagens de alta qualidade.
- **Otimização de navegação:** facilite o acesso às categorias e aos produtos mais procurados.
- **Frete competitivo:** reduza custos de envio ou ofereça frete grátis para pedidos acima de um valor mínimo.

Em aplicativos de compras

- **Onboarding intuitivo:** simplifique a experiência inicial para novos usuários.

- **Recomendações personalizadas:** ofereça produtos com base no histórico e nas preferências do cliente.
- **Promoções exclusivas:** use notificações push para atrair a atenção de usuários inativos.

Em lojas físicas

- **Treinamento de equipe:** garanta que os vendedores saibam abordar clientes de forma educada e não invasiva.
- **Ambiente atraente:** crie um layout convidativo e agradável, com destaque para promoções.
- **Sinalização clara:** oriente os clientes para áreas de interesse dentro da loja.

Em vendas on-line

- **Abandono de carrinho:** use e-mails de recuperação com incentivos como desconto ou frete grátis.
- **Métodos de pagamento diversificados:** ofereça várias opções para facilitar a conclusão da compra.
- **Garantias e políticas claras:** destaque informações como devoluções gratuitas e segurança na compra.

Na prospecção de vendas (B2B)

- **Pesquisa de público:** certifique-se de que os leads prospectados tenham real interesse em seus produtos ou serviços.
- **Abordagem personalizada:** envie mensagens que mostrem que a marca compreende as necessidades do cliente.
- **Follow-ups estratégicos:** reforce o contato com potenciais clientes, mas sem exageros, para evitar rejeições.

Índice de lealdade do cliente (NPS)

O índice de lealdade do cliente ou NPS serve para entender a satisfação dos clientes e saber se eles recomendariam a empresa a outras pessoas. A pergunta é bem direta: "De 0 a 10, qual a chance de você recomendar nossa empresa a um amigo ou colega?".

Figura 7.7 – O NPS avalia a lealdade do cliente

Esse indicador de desempenho é útil porque nos ajuda a ver o quanto os clientes são leais à marca e a identificar quem realmente gosta do que fazemos (os promotores) e quem não está tão feliz assim (os detratores). Com essas respostas, podemos focar em melhorar a experiência de quem está insatisfeito e continuar agradando a quem já é nosso fã.

Fórmula:

NPS = %Promotores – %Detratores

Classificação:

- Promotores (9-10): clientes leais e entusiastas.
- Neutros (7-8): clientes satisfeitos, mas não leais.
- Detratores (0-6): clientes insatisfeitos que podem prejudicar a marca.

- Exemplo: se 70% dos clientes foram promotores, 20% detratores e 10% neutros, o NPS será:

NPS = 70% – 20% = 50%

Para interpretar o resultado, considera-se o seguinte:

- NPS abaixo de 0: indica problemas críticos e insatisfação generalizada.
- 0 a 30: sinal de melhorias necessárias para aumentar a lealdade.

» 30 a 70: considerado um bom NPS, com a marca recebendo mais avaliações positivas do que negativas.
» 70 a 100: indicador de excelência, com alta lealdade e uma base de clientes muito satisfeita.

Logo, um NPS de 50 indica um nível bom de satisfação.

★ **DICAS**

Algumas estratégias para melhorar o NPS:

- **Experiência do cliente**: resolva problemas recorrentes e melhore o suporte ao cliente.
- **Envolvimento ativo com detratores**: identifique as causas da insatisfação e trabalhe para solucioná-las.
- **Incentivo às recomendações**: ofereça incentivos para promotores compartilharem sua experiência.

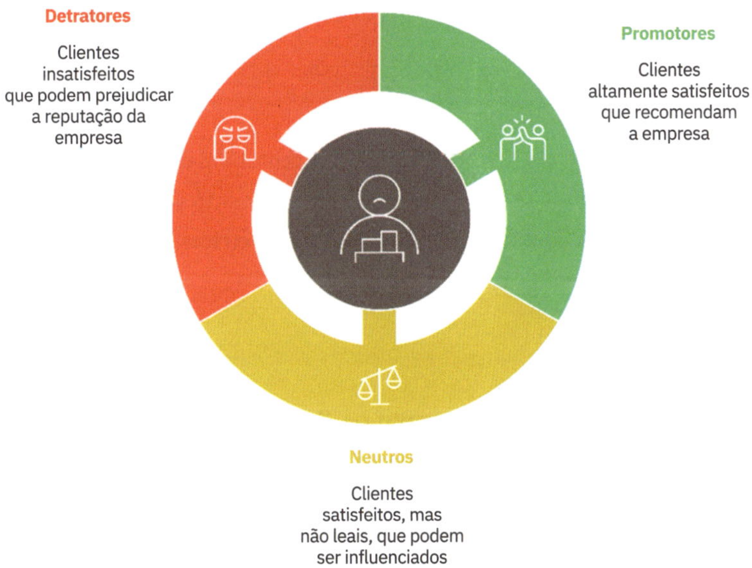

Figura 7.8 – Impacto do NPS nas categorias de clientes

Custo por aquisição (CPA)

O custo por aquisição (CPA) mede o quanto você está gastando para adquirir um cliente ou lead. Esse indicador de desempenho ajuda a entender o quão rentável é uma campanha em termos de aquisição de clientes.

Fórmula:

$$CPA = \frac{\text{Custo total da campanha}}{\text{Número de aquisições}}$$

» Exemplo de cálculo: se você gastou R$ 2.000,00 em uma campanha de marketing digital e obteve 100 aquisições (novos clientes ou leads), o CPA será:

$$CPA = \frac{\text{R\$ 2.000,00}}{100} = \text{R\$ 20,00}$$

Isso significa que você está pagando R$ 20,00 por cada novo cliente adquirido. Essa métrica deve ser avaliada junto com o valor do cliente ao longo de sua jornada (CLTV), para determinar se o CPA está dentro de uma faixa sustentável para o seu negócio.

Monitoramento financeiro

As métricas financeiras determinam a rentabilidade das campanhas de marketing digital. O retorno sobre o investimento (ROI) e o valor do tempo de vida do cliente (CLTV) são as duas métricas mais importantes nesse monitoramento.

Retorno sobre o investimento (ROI)

O retorno sobre o investimento ou ROI ajuda a avaliar a rentabilidade de uma campanha, comparando o lucro obtido com o custo de investimento.

Fórmula:

$$ROI = \left(\frac{\text{Lucro líquido}}{\text{Custo total}}\right) \times 100$$

- Exemplo de cálculo: se você gastou R$ 3.000,00 em uma campanha de marketing e gerou R$ 15.000,00 em receita, com um custo de produtos de R$ 5.000,00, o lucro líquido será R$ 10.000,00 (R$ 15.000,00 - R$ 5.000,00) e o ROI será:

$$ROI = \left(\frac{R\$\ 10.000,00}{R\$\ 3.000,00}\right) \times 100 = 333,33\%$$

Isso significa que, para cada R$ 1,00 investido, você obteve R$ 3,33 de retorno líquido.

Valor do tempo de vida do cliente (CLTV)

O valor do tempo de vida do cliente (CLTV) é uma métrica que estima o valor total de um cliente para o seu negócio ao longo de seu relacionamento com a marca. Para calcular o CLTV, você precisa entender o valor médio de compra, a frequência de compra e o tempo de vida do cliente.

Fórmula:

CLTV = (Valor médio de compra x Frequência de compra) x Tempo de vida do cliente

- Exemplo de cálculo: se um cliente realiza compras no valor médio de R$ 150,00, faz 3 compras por ano e permanece como cliente por 5 anos, o CLTV será:

CLTV = (R$ 150,00 x 3) x 5 = R$ 450,00 x 5 = R$ 2.250,00

Esse valor ajuda a calcular quanto cada cliente vale ao longo de sua jornada com a empresa, possibilitando decisões mais estratégicas sobre quanto investir em aquisição de clientes.

Retorno sobre o investimento em anúncios (ROAS)

O retorno sobre o investimento em anúncios ou ROAS é um indicador de desempenho importante para avaliar a eficácia de campanhas publicitárias pagas. Ele mede a quantidade de receita gerada para cada unidade monetária investida em anúncios.

Figura 7.9 – O ROAS é a medida do retorno financeiro obtido do investimento em campanhas publicitárias

O ROAS ajuda os profissionais de marketing a determinar se os investimentos feitos em anúncios estão gerando retorno suficiente e se a campanha está sendo rentável.

Fórmula:

$$\text{ROAS} = \frac{\text{Receita gerada pelos anúncios}}{\text{Custo total dos anúncios}}$$

» **Exemplo de cálculo:** imaginemos que uma empresa investiu R$ 5.000,00 em anúncios no Google Ads para promover um produto. Como resultado dessa campanha, ela gerou R$ 20.000,00 em receita. O ROAS será calculado da seguinte forma:

$$\text{ROAS} = \frac{\text{R\$ 20.000,00}}{\text{R\$ 5.000,00}} = \text{R\$ 4,00}$$

Isso significa que, para cada R$ 1,00 investido em anúncios, a empresa obteve R$ 4,00 de receita. Um ROAS de R$ 4,00 é um indicativo de uma campanha de sucesso, embora o ideal dependa da margem de lucro do produto ou serviço vendido e dos objetivos de longo prazo da empresa.

Por meio de todas essas análises, as empresas podem avaliar a eficácia de suas campanhas, identificar áreas de melhoria e tomar decisões mais bem fundamentadas sobre onde alocar seus recursos.

★ SUGESTÃO

O livro *Métricas de marketing: o guia definitivo de avaliação de desempenho do marketing*, de Paul W. Farris e outros autores, oferece uma abordagem prática e focada em métricas e indicadores de desempenho essenciais, como o ROI, o CLTV e a taxa de conversão. É útil para quem deseja tomar decisões estratégicas baseadas em dados concretos, seja iniciante ou especialista. Vale a pena a leitura!

Arrematando as ideias

O marketing digital revolucionou a forma como as empresas interagem com o público, oferecendo possibilidades de segmentação e personalização jamais vistas. Como vimos neste capítulo, mensurar os resultados de uma ação é fundamental para ajustar estratégias, otimizar investimentos e maximizar os lucros.

O acompanhamento de métricas e indicadores de desempenho permite uma avaliação completa da eficácia de cada campanha. Monitorar e interpretar métricas não é apenas uma etapa complementar: é o que transforma cliques em insights, é o que abre espaço para estratégias mais ousadas e criativas, sustentadas por dados concretos.

Não basta acompanhar números: trata-se de um processo que une análise técnica e compreensão do comportamento humano. Além disso, a mensuração de resultados traz à tona a importância de entender as interações humanas no ambiente digital. É como navegar por um mar de dados com o mapa certo em mãos. Cada métrica, cada KPI e cada insight revelam histórias, comportamentos e caminhos para alcançar os objetivos traçados.

Assim, o marketing deixa de ser apenas uma prática criativa para se tornar uma ciência estratégica, em que cliques e conversões são apenas o começo de uma jornada muito mais profunda.

Referências

A INFLUÊNCIA do UX no SEO: como a experiência do usuário melhora o ranqueamento. **AZZ Agência**, [*s. d.*]. Disponível em: https://azzagencia.com.br/blog/criacao-de-site/influencia-do-ux-no-seo/. Acesso em: 20 nov. 2024.

AGENTES de IA: 4 pontos de impacto que serão sentidos pelas agências de marketing. **Exame**, fev. 2025. Disponível em: https://exame.com/bussola/agentes-de-ia-4-pontos-de-impacto-que-serao-sentidos-pelas-agencias-de-marketing/. Acesso em: 31 mar. 2025.

AHLGREN, M. 40+ Instagram Statistics & Trends [2025 Update]. **Website Rating**, 2024. Disponível em: https://www.websiterating.com/blog/research/instagram-statistics/. Acesso em: 10 out. 2024.

AREZZO e Livia apresentam a collab de verão, primeira coleção assinada pela it girl. **Revista Stile**, set. 2024. Disponível em: https://www.revistastile.com.br/arezzo-e-livia-apresentam-a-collab-de-verao-primeira-colecao-assinada-pela-it-girl/?utm_source=chatgpt.com. Acesso em: 2 jan. 2025.

ATIVAÇÃO da 3corações recebe 60 influenciadores no Rock in Rio. **Nosso Meio**, set. 2024. Disponível em: https://nossomeio.com.br/notas-rapidas/ativacao-da-3coracoes-recebe-60-influencidadores-no-rock-in-rio/. Acesso em: 2 jan. 2025.

AVIS, M. C. **Marketing digital baseado em dados**: métricas e performance. São Paulo: InterSaberes, 2021.

BARCELLOS, M. A. R. **Avaliação da eficiência de comunicação em redes sociais digitais**: uma análise exploratória do cenário de empresas no Brasil. 2010. Dissertação (Mestrado em Administração de Empresas) – Escola de Administração de Empresas de São Paulo da Fundação Getulio Vargas (FGV EAESP), São Paulo, 2010.

BENETTI, R. 29 maiores tendências de marketing digital para 2025. **Orgânica Digital**, jan. 2025. Disponível em: https://www.organicadigital.com/blog/tendencias-de-marketing-digital-que-voce-deve-ficar-de-olho/. Acesso em: 14 mar. 2025.

BENTO, B. Algoritmos das redes sociais: tudo o que você precisa saber. **Awalé**, mar. 2024. Disponível em: https://awale.com.br/algoritmos-das-redes-sociais/. Acesso em: 12 out. 2024.

BERGMANN, D.; STRYKER, C. What is backpropagation? **IBM**, jul. 2024. Disponível em: https://www.ibm.com/think/topics/backpropagation. Acesso em: 24 nov. 2024.

BLACK mirror. Criação: Charlie Brooker. Reino Unido: Zeppotron, House of Tomorrow, 2011. Série.

BORTOLI, G. de. Afinal, o que é conteúdo de valor e como criar? **Orgânica Digital**, jan. 2025. Disponível em: https://www.organicadigital.com/blog/o-que--e-conteudo-de-valor/. Acesso em: 14 mar. 2025.

BRANDÃO, T. Influenciadores assumem rede social do Pão de Açúcar para falarem sobre a descoberta de novas felicidades. **CidadeMarketing**, set. 2020. Disponível em: https://www.cidademarketing.com.br/marketing/2020/09/24/influenciadores-assume-rede-social-do-pao-de-acucar-para-falarem-sobre-a--descoberta-de-novas-felicidades/?utm_source=chatgpt.com. Acesso em: 2 jan. 2025.

CAMACHO, D. **Marketing digital**: compra de mídia e inbound. São Paulo: Editora Senac São Paulo, 2019.

CAMILA Porto TV. Camila Porto. **YouTube**. Disponível em: https://www.youtube.com/@camilaportotv. Acesso em: 22 nov. 2024.

CANDIDO, G. Aprendizado supervisionado x não supervisionado. **Medium**, out. 2023. Disponível em: https://medium.com/data-hackers/aprendizado--supervisionado-x-n%c3%a3o-supervisionado-ca79b522659d. Acesso em: 18 dez. 2024.

CASAGRANDE, E. O que é uma buyer persona e como criar uma para seu negócio. **Semrush**, jan. 2023. Disponível em: https://pt.semrush.com/blog/buyer-persona/. Acesso em: 24 nov. 2024.

COMO promover o engajamento nas redes sociais. **Sebrae**, ago. 2022. Disponível em: https://sebrae.com.br/sites/PortalSebrae/artigos/como-promover-o-engajamento-nas-redes-sociais,6606d5a0b0642810VgnVCM100000d701210aRCRD. Acesso em: 13 out. 2024.

CONTENT Marketing Statistics & Insights [Updated for 2024]. **Bertey**, fev. 2024. Disponível em: https://bertey.com/content-marketing-statistics-insights/. Acesso em: 18 nov. 2024.

DEPUTADA denuncia 'racismo algorítmico' após IA gerar imagem com arma em uma favela. **CartaCapital**, out. 2023. Disponível em: https://www.cartacapital.com.br/cartaexpressa/deputada-denuncia-racismo-algoritmico-apos-ia-gerar-imagem-com-arma-em-uma-favela/. Acesso em: 17 dez. 2024.

DICAS para aplicar a estratégia de parcerias em suas redes sociais. **Creative Site**, jul. 2021. Disponível em: https://blog.creativesite.com.br/2021/07/30/dicas-para-aplicar-a-estrategia-de-parcerias-em-suas-redes-sociais/. Acesso em: 14 out. 2024.

DOMINANDO o funil de marketing e criando jornadas de valor para clientes. **Tera**, [*s. d.*]. Disponível em: https://blog.somostera.com/marketing-digital/funil-de-marketing. Acesso em: 19 nov. 2024.

DOURADO, B. O que é jornada de compra e como identificar. **RD Station**, out. 2024a. Disponível em: https://www.rdstation.com/blog/vendas/jornada-de--compra/. Acesso em: 19 nov. 2024.

DOURADO, B. O que é teste A/B, o que você pode testar e como começar a fazer. **RD Station**, maio 2024b. Disponível em: https://www.rdstation.com/blog/marketing/o-que-e-teste-ab/. Acesso em: 20 out. 2024.

ENTENDA a diferença entre métrica e KPI e como usar cada um. **Zendesk**, mar. 2025. Disponível em: https://www.zendesk.com.br/blog/diferenca-entre-metrica-e-kpi/. Acesso em: 14 mar. 2025.

ESTRATÉGIAS de SEO para melhorar a visibilidade nos mecanismos de pesquisa. **Backlinks Global**, set. 2024. Disponível em: https://backlinksglobal.com/en/seo-strategies-to-improve-search-engine-visibility/. Acesso em: 20 nov. 2024.

EXAME. 80% dos consumidores confiam nas recomendações de influenciadores, diz pesquisa. **Exame**, dez. 2024. Disponível em: https://exame.com/marketing/80-dos-consumidores-confiam-nas-recomendacoes-de-influenciadores-diz-pesquisa/?utm_source=chatgpt.com. Acesso em: 20 dez. 2024.

FAKE famous. Direção: Nick Bilton. Produção: Graydon Carter, Nancy Abraham, Lisa Heller, Annabelle Dunne, Mary Recine. Estados Unidos: Max, 2021. 87 min. Documentário.

FARRIS, P. W.; BENDLE, N. T.; PFEIFER, P. E.; REIBSTEIN, D. J. **Métricas de marketing**: o guia definitivo de avaliação de desempenho do marketing. 2. ed. Porto Alegre: Bookman, 2012.

FERREIRA, M. Redes sociais para empresas: escolha as plataformas certas e alcance o sucesso. **Medium**, abr. 2024. Disponível em: https://medium.com/@eumartinferreira/redes-sociais-para-empresas-escolha-as-plataformas-certas-e--alcance-o-sucesso-644cac24bdbe. Acesso em: 11 out. 2024.

GALVÃO, P. Crise em redes sociais: como prevenir, gerenciar e resolver. **Rock Content**, 2019. Disponível em: https://rockcontent.com/br/blog/crise-em-rede-social/. Acesso em: 10 out. 2024.

GESTÃO de redes sociais: estratégias e práticas para o sucesso. **Escola DNC**, maio 2024. Disponível em: https://www.escoladnc.com.br/blog/gestao-de-redes-sociais-estrategias-e-praticas-para-o-sucesso. Acesso em: 15 out. 2024.

GOMES, G. Indicadores de marketing: 17 métricas que você precisa conhecer. **Agendor**, [*s. d.*]. Disponível em: https://www.agendor.com.br/blog/indicadores-de-marketing/. Acesso em: 15 jan. 2025.

HOLDSWORTH, J. O que é viés de IA? **IBM**, dez. 2023. Disponível em: https://www.ibm.com/br-pt/topics/ai-bias. Acesso em: 17 dez. 2024.

INFANTE, J. O que é e como identificar uma jornada de compra? **HubSpot**, abr. 2024. Disponível em: https://br.hubspot.com/blog/sales/jornada-de-compra. Acesso em: 19 nov. 2024.

INFLUENCIADORES: maior parte recebe entre R$ 500 e R$ 2.000 por mês. **Adnews**, dez. 2024. Disponível em: https://adnews.com.br/influenciadores-maior-parte-recebe-entre-r-500-e-r-2-000-por-mes/. Acesso em: 2 jan. 2025.

INTELIGÊNCIA Artificial Brasil. **YouTube**. Disponível em: https://www.youtube.com/@canalIAbrasil. Acesso em: 20 dez. 2024.

INTELIGÊNCIA artificial e machine learning: entenda a diferença. **Cubo**, out. 2023. Disponível em: https://blog.cubo.network/inteligencia-artificial-e-machine-learning. Acesso em: 18 dez. 2024.

KEMP, S. Digital 2023: Brazil. **DataReportal**, fev. 2023. Disponível em: https://datareportal.com/reports/digital-2023-brazil. Acesso em: 1 out. 2024.

KISO, R. Como as emoções afetam o alcance dos reels. **Instagram**, ago. 2024. Disponível em: https://www.instagram.com/rafaelkiso/p/C-XV40usAij/?img_index=1. Acesso em: 15 jan. 2025.

LAS CASAS, A. L. **Administração de marketing**: conceitos, planejamento e aplicações à realidade brasileira. São Paulo: Atlas, 2012.

LINK, L. Thelminha Assis participa do aniversário de 62 anos do Pão de Açúcar. **Paranashop**, ago. 2021. Disponível em: https://paranashop.com.br/2021/08/thelminha-assis-participa-do-aniversario-de-62-anos-do-pao-de-acucar?utm_source=chatgpt.com. Acesso em: 2 jan. 2025.

LOUBAK, A. L. O que é efeito Streisand? Fenômeno viraliza 'segredos' de famosos. **TechTudo**, out. 2019. Disponível em: https://www.techtudo.com.br/noticias/2019/10/o-que-e-efeito-streisand-fenomeno-viraliza-segredos-de-famosos.ghtml. Acesso em: 14 out. 2024.

MAPA da jornada do cliente: o que é e como criar o seu. **Sebrae**, fev. 2023. Disponível em: https://sebrae.com.br/sites/PortalSebrae/ufs/pe/artigos/mapa-da-jornada-do-cliente-o-que-e-e-como-criar-o-seu,0d91bc9ee5826810VgnVCM1000001b00320aRCRD. Acesso em: 19 nov. 2024.

MEGA, L. Influenciadores digitais: como usar na sua estratégia de marketing. **Colina Tech**, nov. 2024. Disponível em: https://colinatech.com.br/influenciadores-digitais-estrategia-de-marketing/. Acesso em: 3 jan. 2025.

MOTA, T. Q. Como escolher palavras-chaves e quais ferramentas usar. **Atom Digital**, set. 2020. Disponível em: https://atomdigital.com.br/tudo-sobre-seo/pesquisa-de-palavras-chaves-como-escolher-e-quais-ferramentas-usar/. Acesso em: 21 nov. 2024.

MUREL, J.; KAVLAKOGLU, E. O que é aprendizagem de reforço? **IBM**, mar. 2024. Disponível em: https://www.ibm.com/br-pt/think/topics/reinforcement-learning#:~:text=O%20aprendizado%20por%20refor%C3%A7o%20(RL,diretas%20de%20um%20usu%C3%A1rio%20humano. Acesso em: 18 dez. 2024.

O DILEMA das redes. Direção: Jeff Orlowski. Estados Unidos: Exposure Labs, Argent Pictures, The Space Program, Agent Pictures, 2020. 94 min. Documentário.

O QUE É aprendizado supervisionado? **IBM**, [*s. d.*]. Disponível em: https://www.ibm.com/br-pt/topics/supervised-learning. Acesso em: 18 dez. 2024.

OPINION BOX. Funil do marketing e a transformação da jornada do cliente. **YouTube**, fev. 2023. Disponível em: https://youtu.be/uRHvTV_kQGE. Acesso em: 19 nov. 2024.

OSHIRO, M. Rastreamento de métricas. **WPerformance**, jul. 2024. Disponível em: https://wperformance.com.br/glossario/rastreamento-de-metricas-importancia-e-ferramentas/. Acesso em: 19 out. 2024.

PARISE, D. Redes sociais e gamificação: uma dupla de sucesso. **Terra**, jul. 2024. Disponível em: https://www.terra.com.br/economia/redes-sociais-e-gamificacao-uma-dupla-de-sucesso,79d2f9f25d94c0fbb9d63a4196821d162i83ix6r.html. Acesso em: 13 out. 2024.

PERFORMANCE em dispositivos móveis: como facilitar o uso de um site em dispositivos móveis. **Cloudflare**, [*s. d.*]. Disponível em: https://www.cloudflare.com/pt-br/learning/performance/how-to-make-a-site-mobile-friendly/. Acesso em: 21 nov. 2024.

PONTODESIGN. 10 indicadores de marketing que vão medir o desempenho e o sucesso da sua estratégia. **Pontodesign**, [*s. d.*]. Disponível em: https://

pontodesign.com.br/4-indicadores-de-marketing-que-vao-medir-o-sucesso-da-sua-estrategia/. Acesso em: 15 jan. 2025.

QUAIS são os impactos dos influenciadores digitais para vendas? **Sebrae**, fev. 2023. Disponível em: https://sebrae.com.br/sites/PortalSebrae/ufs/pe/artigos/quais-sao-os-impactos-dos-influenciadores-digitais-para-vendas,9507bbe567826810VgnVCM1000001b00320aRCRD. Acesso em: 3 jan. 2025.

RABELO, A. Transformação digital: o que é e quais os seus impactos na sociedade. **Rock Content**, 11 mar. 2020. Disponível em: https://rockcontent.com/br/blog/transformacao-digital/. Acesso em: 25 set. 2024.

REICHHELD, F. **The ultimate question**: driving good profits and true growth. Boston: Harvard Business School Press, 2006.

RODRIGUES, J. Métricas de marketing: o que são, quais são as mais relevantes e quais realmente medem o sucesso do negócio. **RD Station**, abr. 2023. Disponível em: https://www.rdstation.com/blog/marketing/metricas-de-marketing/. Acesso em: 20 set. 2024.

RODRIGUES, J. O que são redes sociais e para que servem. **RD Station**, out. 2024. Disponível em: https://www.rdstation.com/blog/marketing/redes-sociais/. Acesso em: 2 jan. 2025.

RUAS, V. Funil de marketing: entenda o que é e como montar. **RD Station**, mar. 2022. Disponível em: https://blog.rdstation.com/funil-de-marketing/. Acesso em: 19 nov. 2024.

SEMRUSH. 195 prompts do ChatGPT (e como você pode escrever os seus). **Semrush**, ago. 2024. Disponível em: https://pt.semrush.com/blog/chatgpt-prompts/. Acesso em: 17 dez. 2024.

SIQUEIRA, A. O que é inbound marketing: estratégias e como adotá-lo. **RD Station**, set. 2024. Disponível em: https://www.rdstation.com/blog/marketing/o-que-e-inbound-marketing/. Acesso em: 22 nov. 2024.

SOCIAL Media na Prática. Locução: Vitor Duran. Podcast. Disponível em: https://open.spotify.com/show/50SWiph7eZ06SKrb3gIb65. Acesso em: 19 out. 2024.

SOLON, O. Kendall Jenner's Pepsi ad criticized for co-opting protest movements for profit. **The Guardian**, abr. 2017. Disponível em: https://www.theguardian.com/fashion/2017/apr/04/kendall-jenner-pepsi-ad-protest-black-lives-matter?utm_source=chatgpt.com. Acesso em: 15 jan. 2025.

THINK WITH GOOGLE BRASIL. Insights. Ideias. Inspiração. **Think with Google**, [*s. d.*]. Disponível em: https://www.thinkwithgoogle.com/intl/pt-br/. Acesso em: 18 nov. 2024.

TOSTES, P.; MIGUEL, V. Campanha Dia dos Namorados Cacau Show 2023: o poder da comunicação testemunhal. **Medium**, abr. 2024. Disponível em: https://medium.com/@publicidadeobs/campanha-dia-dos-namorados--cacau-show-2023-o-poder-da-comunica%c3%a7%c3%a3o-testemunhal-d184e9543d57. Acesso em: 2 jan. 2025.

TRAMONTINA lança movimento com a W3haus para comemorar o Dia do Churrasco. **Marcas pelo Mundo**, abr. 2022. Disponível em: https://marcaspelomundo.com.br/anunciantes/tramontina-lanca-movimento-com-a-w3haus-para-comemorar-o-dia-do-churrasco/?utm_source=chatgpt.com. Acesso em: 7 jan. 2025.

VALENTI, G. Havaianas: Juliette, do BBB21, vira embaixadora e acordo inclui vendas. **Exame**, jun. 2021. Disponível em: https://exame.com/insight/havaianas-juliette-do-bbb21-vira-embaixadora-e-acordo-inclui-vendas/p?utm_source=chatgpt.com. Acesso em: 2 jan. 2025.

VILLARINHO, J. O que é prompt? Como usar? Tire dúvidas sobre o comando. **TechTudo**, set. 2024. Disponível em: https://www.techtudo.com.br/guia/2024/09/o-que-e-prompt-como-usar-tire-duvidas-sobre-o-comando-edsoftwares.ghtml. Acesso em: 17 dez. 2024.

ZENDESK. 10 fatores que influenciam o comportamento do consumidor. **Zendesk**, mar. 2025. Disponível em: https://www.zendesk.com.br/blog/fatores-influenciam-comportamento-consumidor/. Acesso em: 14 mar. 2025.